国家示范性高等职业院校优质核心课程改革教材

建设法规实务

主　编　杨陈慧
主　审　江先文

人民交通出版社

内 容 提 要

本书是国家示范性高等职业院校优质核心课程改革教材。全书包括七个学习情境，即：初识建设法规实务、建设工程许可法律实务、建设工程发承包法律实务、建设工程监理法律实务、建设工程安全管理法律实务、建设工程质量管理法律实务和建设工程相关经济法规案例分析。

本书适用于高等职业技术院校建筑及土木工程类专业学生使用，也可用作相关技术人员的参考用书。

图书在版编目（CIP）数据

建设法规实务/杨陈慧主编. —北京：人民交通出版社，2011.6
国家示范性高等职业院校优质核心课程改革教材
ISBN 978-7-114-09169-8

Ⅰ.①建… Ⅱ.①杨… Ⅲ.①建筑法-中国-高等职业教育-教材 Ⅳ.①D922.297

中国版本图书馆 CIP 数据核字（2011）第 101547 号

国家示范性高等职业院校优质核心课程改革教材
书 名：建设法规实务
著 作 者：杨陈慧
责任编辑：戴慧莉
出版发行：人民交通出版社
地 址：(100011) 北京市朝阳区安定门外外馆斜街 3 号
网 址：http://www.ccpress.com.cn
销售电话：(010) 59757973
总 经 销：人民交通出版社发行部
经 销：各地新华书店
印 刷：北京鑫正大印刷有限公司
开 本：787 × 1092 1/16
印 张：11.5
字 数：276 千
版 次：2011 年 6 月 第 1 版
印 次：2013 年 1 月 第 3 次印刷
书 号：ISBN 978-7-114-09169-8
定 价：30.00 元
（有印刷、装订质量问题的图书由本社负责调换）

四川交通职业技术学院
优质核心课程改革教材编审委员会

序 Xu

为贯彻教育部、财政部《关于实施国家示范性高等职业院校建设计划，加快高等职业教育改革与发展的意见》（教高【2006】14号）和《关于全面提高高等职业教育教学质量的若干意见》（教高【2006】16号）精神，作为国家示范性高等职业院校建设单位，我院从2007年开始组织探索如何设计开发既能体现职业教育类型特点，又能满足高等教育层次需求的专业课程体系和教学方法。三年来，我们先后邀请了多名国内外职业教育专家，组织进行了现代职业技术教育理论系统学习和职业技术教育课程开发方法系统的培训；在课程开发专家团队指导下，按照"行业分析，典型工作任务，行动领域，学习领域"的开发思路，以职业分析为依据，以培养职业行动能力为核心，对传统的学科式专业课程进行解构和重构，形成了以学习领域课程结构为特征的专业核心课程体系；与企业专业技术人员共同组成课程开发团队，按照企业全程参与的建设模式、基于工作过程系统化的建设思路，完成了10个重点建设专业（4个为中央财政支持的重点建设专业）核心课程的学材、电子资源、试题库、网络课程和生产问题资源库等内容的建设和完善，在课程建设方面取得了丰厚的成果。

对示范院校建设工程而言，重点专业建设是龙头；在专业建设项目中，课程建设是关键。职业教育的课程改革是一项长期艰苦的工作，它不是片面的课程内容的解构和重构，必须以人才培养模式创新为核心，实训条件的改善、实训项目的开发、教学方法的变革、双师结构教师团队的建设等一系列条件为支撑。三年来，我们以课程改革为抓手，力图实现全面的建设和提升；在推动课程改革中秉承"片面地借鉴，不如全面地学习"，全面地学习和借鉴，认真地研究和实践；始终追求如何在课程建设方面做出中国特色，做出四川特色，做出交通特色。

历经1 000多个日日夜夜的辛劳，面对包含了我们教师团队心血，即将破茧的课程建设成果的陆续出版，感到几分欣慰；面对国际日益激烈的经济的竞争，面对我国交通现代化建设的巨大需求，感到肩上的压力倍增。路漫漫其修远兮，吾将上下而求索！希望更多的人来加入我们这个团结、奋进、开拓、进取的团队，取得更多更好的成果。

在这些教材的编写过程中，相关企业的专家给予了很多的支持与帮助，在此谨表示衷心的感谢！

四川交通职业技术学院院长

前　　言

本书是国家示范性高等职业院校优质核心课程改革教材。通过实践专家访谈会、现场走访调查等多种方式，确定了建设工程行业与建设工程实务对该课程的相关需求及招投标人员、资料员、监理工程师、建造师等执业岗位对法律实务的要求。基于此，本课程以建设工程程序为载体，将教学内容整和设计为7个学习情境。通过学习情境一、初识建设法规实务的学习和训练，建立该课程的知识体系，初步认知建设法规所涉及的工作内容和流程，为进入后六个学习情境学习做好准备。学习情境二至学习情境六按照建设工程程序要求和工作流程，由浅入深、由“会”到“掌握”、由单一到综合，设置了以下内容：建设工程许可法律实务、建设工程发承包法律实务、建设工程监理法律实务、建设工程安全管理法律实务及建设工程质量管理法律实务。学习情境七是建设工程相关经济法规案例分析。这些情境收集了土地、拆迁、房地产开发、物业管理、保险、税务、环境保护与节能、劳动保护等经济法规典型案例。通过对案例的分析和处理，扩展知识面，进一步提高解决实务问题的能力。全书以典型案例引入，以引导问题为线索，以任务完成为目标，将相关知识穿插在完成任务的过程中，力求做学结合，实现课程目标。通过七个学习情境，十三个工作任务的完成，学生将初步具备招投标人员、资料员、监理工程师、建造师所需的法律实务能力。本书适用于高等职业技术院校建筑工程技术及土木工程类法规学材，也可用作相关技术人员的法规类参考用书。

本书由四川交通职业技术学院杨陈慧担任主编，由成都医学院公共管理学院江先文担任主审。在编写过程中，得到了成都守民律师事务所石春相主任、中建二局四川装饰分公司刘小飞经理，四川省交通厅质量监督站刘守明站长，大连职业技术学院唐舵、高树大老师，成都农业科技职业学院建筑工程学院冯光荣院长，成都衡泰工程管理有限公司薛昆高工的大力支持和帮助。本书教学案例主要节选自李宗宇主编的《建筑法案例评析》、全国辉编著的《建设法规概论与案例》、陈正主编的《建筑工程法规原理与实务》。所节选案例以及选用的新闻事件，均用于教学探讨与学习，不用作任何商业用途。在此，对以上人员均表示衷心的感谢。

由于编写时间仓促和经验不足，该学材或还存在问题，敬请大家指教。

编　者

2011 年 3 月

目　　录

学习情境一　初识建设法规实务

一、任务描述

你将为一家建筑施工企业提供法律实务服务。现你需对建设法规实务涉及的知识点、工作内容与程序进行梳理，为进入下一学习情境的学习做好前期准备。

二、学习目标

通过本学习情境的学习，你应当能：

1. 了解我国建设市场、工程建设程序的阶段划分及各阶段的工作内容；
2. 掌握建设法律关系的构成要素、产生、变更、终止和法律责任的承担；
3. 熟悉我国建设法律体系及构成，了解建设法律纠纷的常见处理方式；
4. 为进入建设法规实务的学习做好准备。

三、任务实施

引例1

新华网北京8月27日电（记者　杜宇）记者27日从住房城乡建设部获悉，针对当前建筑市场“重准入、轻监管”等现象，住房城乡建设部近日出台指导意见，加强建筑市场资质资格动态监管，完善企业和人员准入清出制度。

据住房城乡建设部有关负责人介绍，当前建筑业企业数量过多，建筑业产业结构不尽合理，特别是房屋建筑和市政基础设施工程类企业“供大于求”矛盾比较突出；各类注册人员分布不均衡，部分地区注册人员与企业数量、建设规模不匹配；工程转包、违法分包、工程结算纠纷、拖欠农民工工资以及质量安全事故等问题屡有发生；建筑市场监管体系不健全，市场清出机制不完善，“重准入、轻监管”的现象依然存在。这些问题严重影响了建筑市场秩序和建筑业的健康发展，必须下大力气解决。

为此，住房城乡建设部要求，强化质量安全事故“一票否决制”，加大对资质资格申报弄虚作假查处力度，住房城乡建设部将制订《建设工程企业资质弄虚作假处理办法》，定期对省级资质、资格审批情况进行抽查并向全国通报抽查结果。住房城乡建设部还将出台《企业资质和注册人员动态核查办法》。

此外，住房城乡建设部还将加快建立和完善建设工程企业、注册人员、工程项目和质量安全事故基础数据库。从2010年起开展农民工实名制管理试点工作，加强农民工输出地和输入地之间的联动管理。2011年年底前建立实时联网共享的全国建设工程企业中央数据库，出台工程建设领域不良信息分级发布标准，建立部、省两级分级发布的信息平台。

这位负责人表示，住房城乡建设部将加强与有关部门的配合，完善沟通渠道，健全信息共享、联动执法等制度，形成建筑市场监管合力。

目前，全国建筑业企业及其分支机构总量已达到23万家，从业人员约3 400万人；工程勘察、工程设计、工程监理、工程招标代理等工程咨询服务企业近3万家，从业人员已超过200

万人。

引导问题:阅读引例1,谈谈目前我国建设市场存在的主要问题。

相关测试

判断下列陈述,正确的打√,错误的打×。

(1)为了保证建设工程市场有序进行,建设行政主管部门与行业协会都明文制订了相应的市场准入制度和生产经营规则,以规范业主、承包商及中介服务组织的生产经营行为。 ( )

(2)经资格审查合格,取得资质证书和营业执照的承包商,方许可在批准的范围内承包工程。 ( )

(3)承包商为打开局面,往往需要低利润报价取得项目。因此,必须在成本控制上下功夫,向管理要效益,并采用先进的施工方法提高工作效率和技术水平。 ( )

(4)除了业主、承包商、工程咨询服务机构作为建设市场主要主体以外,其他单位也可成为建设市场的主体,例如银行、保险公司、物资供应商等。 ( )

(5)建设生产的最终产品质量是由各阶段成果的质量决定的。因此,设计、施工必须按照规范和标准进行,才能保证生产出合格的建筑产品。 ( )

(6)政府作为公众利益的代表,加强对建筑产品的规划、设计、交易、建造的管理是非常必要的,有关工程建设的市场行为都应受到管理部门的监督和审查。 ( )

(7)工程建设标准的独特作用就在于,一方面通过有关的标准规范为相应的专业技术人员提供需要遵循的技术要求和方法;另一方面由于标准的法律属性和权威属性,保证了从事工程建设有关人员按照规定去执行,从而为保证工程质量打下了基础。 ( )

(8)《中华人民共和国建筑法》规定,对从事建筑活动的施工企业、勘察单位、设计单位和工程咨询机构(含监理单位)实行资质管理。 ( )

(9)分包单位不需要相应的资质等级证书。 ( )

(10)我国对工程咨询单位实行资质管理。目前,已有明确资质等级评定条件的有工程监理、招标代理、工程造价等咨询机构。 ( )

引例2

目前,在对基本建设工程审计过程中,我们发现建设工程程序极不规范,其主要表现为:一是工程项目不履行招投标程序,工程造价完全由建设方按市场最低平方造价给定,谁给的价低让谁干,其后果是工程造价低,工程质量差,危房到处可见;二是表面上按建设工程程序进行招投标,优惠造价,实质上暗箱操作,串通标的,如在对某水厂政府投资2 000万元基础设施审计时,不仅发现标的多计工程造价30万元,还存在招投标文件的制订和图纸答疑内容不完整,标的编制程序不规范等问题;三是冒名顶替资深建筑工程企业承揽工程建设,如在对成都市新城区三条交通要道道路工程审计中,招标文件中明确规定,必须由国家一级企业建筑公司承建,而审计中发现三个中标的“国家一级企业”全部不够资质，无任何资格承建此工程，更不用说提供审计所需资料；四是存在政府直接经营投资项目的现象。政府投资的工程，政府直接负责招投标，政府采购材料选择施工企业，仅对建设工程前期控制，重要的工程施工、验收就不管不问，造成前期程序规范，重要的施工期、竣工验收期无人过问，从而导致工程质量后患，社会危害不言自明。

引导问题1：阅读引例2，回答以下问题。

(1)什么是建设工程程序？

____

____

____

____

(2)我国工程建设程序划分为哪几个阶段？

____

____

____

____

相关链接

世界各国家和国际组织的工程项目建设程序大同小异，都要经过投资决策和建设实施两个过程。这两个过程又可分为若干个阶段，它们之间存在着严格的先后次序，可以进行合理的交叉，但不能任意颠倒次序。

世界银行贷款项目建设程序：

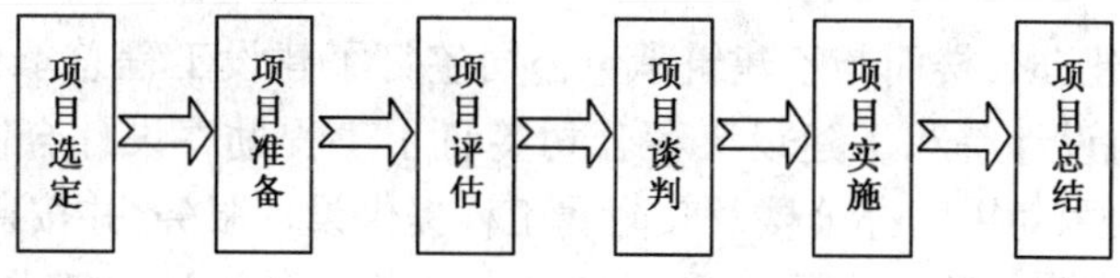

我国工程项目建设程序：

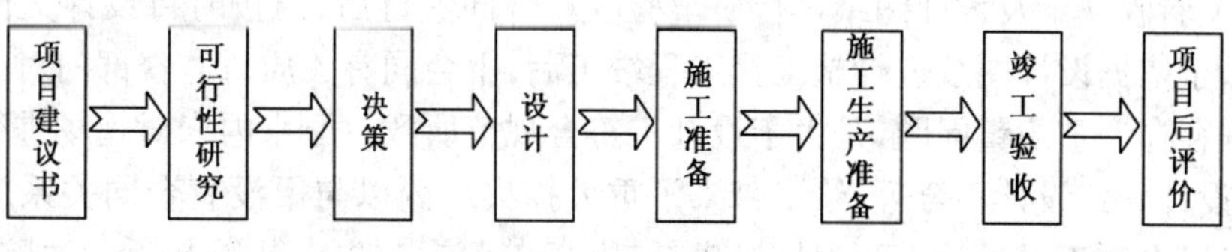

引导问题2：请陈述建设程序各阶段的主要建设内容。

(1)工程决策分析阶段的主要建设内容：________________

____

____

____

____

____

____

(2)工程建设准备阶段的主要建设内容：

(3)工程建设实施阶段的主要建设内容：

(4)工程竣工验收与保修阶段的主要建设内容：

(5)工程终结阶段的主要建设内容：

引例3

甲电信公司因拟建办公楼而与乙建筑承包公司签订了建设工程总承包合同。其后，经甲同意，乙分别与丙建筑设计院和丁建设工程公司签订了工程勘察设计合同和工程施工合同。勘察设计合同约定，由丙对甲的办公楼及其附属工程提供设计服务，并按勘察设计合同的约定交付有关设计文件和资料。施工合同约定，由丁根据丙提供的设计图纸进行施工，工程竣工时依据国家有关验收规定及设计图纸进行质量验收。合同签订后，丙按时将设计文件和有关资料交付给丁，丁依据设计图纸进行施工。工程竣工后，甲会同有关质量监督部门对工程进行验收，发现工程存在严重质量问题，是由于设计不符合规范所致。原来丙未对现场进行仔细勘察即自行进行设计导致设计不合理，给甲带来了重大损失。丙以与甲没有合同关系为由拒绝承担责任，乙又以自己不是设计人为由推卸责任，甲遂以丙为被告向法院起诉。法院受理后，追加乙为共同被告，判决乙与丙为工程建设质量问题承担连带责任。

引导问题：阅读引例3，回答下列问题：

(1)什么是建设工程法律关系？建筑法律关系的种类有哪些？

(2)建设工程法律关系的特征有哪些?

(3)本案中建设工程法律关系和其构成要素有哪些?

引例4

2005年4月22日,某水泥厂与某建筑公司订立《建设工程施工合同》及《合同总纲》,双方约定:由某建设公司承建某水泥厂第一条生产线主厂房及烧成车间等配套工程的土建项目,开工日期为2005年5月15日。建筑材料由某水泥厂提供,某建设公司垫资150万元人民币,在合同订立15日内汇入某水泥厂账户。某建设公司付给某水泥厂10万元保证金,进场后再付10万元押图费,待图纸归还某水泥厂后再予退还等。双方在订立合同和工程施工时,尚未取得建设用地规划许可证和建设工程规划许可证。厂房工程如期于2006年9月竣工并交付使用。由于水泥厂亟待使用,在没有经过正式验收的情况下,于2006年10月就提前使用了厂房工程。在使用了8个月之后,厂房内承重墙体裂缝较多,屋面漏水严重。

水泥厂为维护企业的合法权益,多次与建筑公司交涉要求其处理工程质量问题。而建筑公司以上述工程质量问题是由于水泥厂提前使用造成为由,不予处理。由此,水泥厂于2007年10月诉至人民法院。

引导问题:阅读引例4,回答以下问题:

(1)在建设活动中可能出现哪些建设法律关系主体?

特别提示

建设单位作为建设活动权利主体,是从设计任务书批准开始的。在建设项目设计任务书没有批准,建设项目尚未被正式确认之前,任何一个社会组织,是不能以权利主体资格参加工程建设的。当建设项目编有独立的总体设计并单独列入建设计划、获得国家批准时,这个社会组织才能成为建设单位,以已经取得的法人资格及自己的名义对外参加工程建设。

(2)工程建设程序哪些环节是必须经过的?

(3)什么是工程的竣工验收?其依据有哪些?

(4)引例4中建设主体的权利、义务是如何产生和终止的?

引例5

新中国成立60年来,住房和城乡建设领域法律、法规建设取得了巨大的成就,法律框架体系现已构成。在该法律框架体系中,《中华人民共和国建筑法》、《中华人民共和国城乡规划法》、《中华人民共和国城市房地产管理法》是基础、核心性法律,具有非常重要的地位。

新中国成立初期,受计划经济体制环境的影响,各部门的"红头文件"是这一时期工程建设的政策依据。此后,随着我国经济体制改革的不断深化和对外开发的不断扩大,工程建设中的法制建设围绕着经济体制改革的基本精神和具体要求取得了发展,尤其是20世纪90年代,工程建设与建筑业的各项改革取得了初步成果,工程建设中的法制建设得到了迅速发展,大量规范建筑活动的部门规章相继出台。但由于立法依据不足,国家有关行政立法体制没有确立,这一时期的法制建设仍具有局限性,尤其缺少一部适用性广、可操作性强的"基本大法"。为了填补这个空缺,1997年11月1日,第八届全国人大常委会第二十八次会议通过了《中华人民共和国建筑法》,并于1998年3月1日起正式施行。

引导问题:阅读引例5,回答以下问题:

(1)简述我国建设工程法规体系的构成:

(2)简述各类法规适用的优先顺序:

引例 6

某厂新建一车间,分别与市设计院和市建某公司签订设计合同和施工合同。工程竣工后厂房北侧墙壁发生裂缝,为此某厂向法院起诉市建某公司。经勘验裂缝是由于地基不均匀沉降引起,结论是结构设计图纸所依据的地质资料不准确。于是某厂又诉讼市设计院。市设计院答辩,设计院是根据某厂提供的地质资料设计的,不应承担事故责任。经法院查证:某厂提供的地质资料不是新建车间的地质资料,而是与该车间相邻的某厂的地质资料,事故前设计院也不知道该情况。

引导问题:阅读引例 6,回答以下问题:

(1)工程建设法律责任有哪些分类?

(2)工程建设法律责任的构成要件有哪些?

(3)引例 6 中事故的责任者是谁?某厂所发生的诉讼费应由谁承担?

特别提示

法律责任认定的特殊情形:

(1)违约责任是一种严格责任,不以主观过错为前提。如企业在施工过程中由于建材供应方没有按约供应建材,造成停工,从而延误了工期,在这种情况下,施工方不能以自己没有主观过错拒绝承担违约责任。

(2)对于产品质量责任、国家机关及其工作人员执行职务、建筑主体从事高度危险作业致人损害时,侵权人应承担无过错责任。

引例 7

2000 年 4 月 19 日,天宇公司作为发包单位、豪杰公司作为承包单位,双方签订施工总包合同一份。合同约定:天宇公司将某住宅小区工程项目发包给豪杰公司承建;2001 年 5 月,豪杰公司将第一期工程交付给天宇公司。后由于所交付的房屋出现雨后墙面、地下室等渗水现象,天宇公司指出豪杰公司交付的第一期工程存在渗水、漏水等质量问题,并提出相应整改意见。其中与本案相关的 1 号 101 室有多次渗水报修的记录,另该房屋与 2 号 102 室伸缩缝之间有建筑垃圾。

2005 年初，第一期工程项目中的 1 号 101 室业主和 2 号 102 室业主以天宇公司所售房屋存在渗水等质量问题，造成房屋内装修损害为由，分别向法院提起诉讼，要求天宇公司赔偿装修损失，天宇公司分别向两户业主作出了赔偿。现天宇公司以豪杰公司施工存在质量问题为由，提起诉讼，请求判令豪杰公司承担因房屋施工质量问题造成天宇公司赔偿的装修损失及承担本案诉讼费。

在天宇公司与上述两户业主的诉讼过程中，双方对 1 号 101 室及 2 号 102 室的装修损坏原因未申请鉴定，天宇公司确认系房屋渗水等质量问题导致；对于装修损失的具体数额，双方亦未申请评估。

在一审审理期间，根据豪杰公司的申请，法院委托上海市室内装饰质量监督检验站对本案诉争的两套房屋是否存在质量问题以及房屋质量问题形成的原因进行鉴定。鉴定中，该 2 套房屋业主不配合，致使鉴定未果。

审理中，双方当事人确认，本案诉争房屋于 2001 年竣工交房后发生渗水，分别于 2001 年、2002 年、2004 年进行维修，在 2004 年进行维修时发现房屋伸缩缝有建筑垃圾，遂对其予以清除进行维修，之后再未发生渗水。

引导问题 1：阅读引例 7，回答以下问题：

(1)常见建设工程纠纷有哪些？

(2)纠纷的一般解决方式有哪些？

(3)引例 7 中的争论焦点是什么？应如何解决？

引导问题 2：请总结建设法规实务所涉及知识点、工作内容及程序。

相关测试

1. 单项选择题

(1)发电厂甲与施工单位乙签订了价款为5 000万元的固定总价建设工程承包合同,则这笔5 000万元工程价款是(　　)。

A. 工程建设法律关系主体　　B. 工程建设法律关系客体

C. 工程建设法律关系的内容　　D. 工程建设法律关系内容中的义务

(2)消费者王某从某房屋开发公司开发的小区购买别墅一栋,半年后发现屋顶漏水,于是向该公司提出更换别墅。在这个案例中,法律关系的主体是(　　)。

A. 该小区　　B. 王某购买的别墅

C. 别墅的屋顶　　D. 王某和该房屋开发公司

(3)下列不属于法律事实中事件的是(　　)。

A. 海啸　　B. 暴雨　　C. 战争　　D. 实施盗窃

(4)法律意义上的非物质财富是指人们脑力劳动的成果或智力方面的创作,也称智力成果。下列选项中属于非物质财富的是(　　)。

A. 股票　　B. 100元人民币

C. 建筑图纸　　D. 建筑材料的商标

E. 太阳光

2. 多项选择题

(1)下列属于建设工程法规形式的有(　　)。

A. 某省人大常委会通过的《建筑市场管理条例》

B. 住房和城乡建设部发布的《注册建造师管理办法》

C. 某省人民政府制订的《招投标管理办法》

D. 某市人民政府办公室下发通知要求公办学校全部向外来工子女开放,不收取任何赞助费用

E. 某省建设行政主管部门下发的加强安全管理的通知

(2)可以作为建设工程法律关系主体的国家机关包括(　　)。

A. 国家权力机关　　B. 国家司法机关

C. 国家检察机关　　D. 行政机关

E. 党的机关

(3)建设工程法律关系主体的范围包括(　　)。

A. 自然人　　B. 建设单位

C. 承包单位　　D. 国家机关 E. 某企业的车间

(4)建设工程法律关系的内容是指(　　)。

A. 法律权利　　B. 客体

C. 标的　　D. 价款　　E. 法律义务

(5)建设工程法律关系的变更包括(　　)。

A. 建设工程法律关系主体的变更　　B. 合同形式的变更

C. 纠纷解决方式的变更　　D. 建设工程法律关系客体的变更

E. 建设工程法律关系内容的变更

(6)引起建设工程法律关系发生、变更、终止的情况称为法律事实，按照是否包含当事人的意志，法律事实可以分为(　　)。

A. 事件　　B. 不可抗力事件

C. 无意识行为　　D. 意外事件　　E. 行为

(7)以下有强制执行效力的有(　　)。

A. 和解协议　　B. 调解协议

C. 仲裁庭调解书　　D. 法院在执行中当事人的和解协议

(8)具有一次性决定效力的是(　　)。

A. 和解　　B. 调解　　C. 仲裁　　D. 诉讼

(9)仲裁庭作出的调解书经双方当事人(　　)即发生法律效力。

A. 签收后　　B. 签收7天后

C. 签收15天后　　D. 签收30天后

(10)仲裁庭的裁决书自(　　)发生法律效力。

A. 作出之日　　B. 作出之日起7天后

C. 作出之日起15天后　　D. 作出之日起30天后

(11)被告在收到起诉状副本之日起15天内提出答辩状。被告不提出答辩状的，(　　)。

A. 人民法院不得开庭审理　　B. 人民法院可判决被告败诉

C. 不影响人民法院的审理　　D. 人民法院可以缺席审理

(12)地域管辖的一般原则是(　　)。

A. 原告就被告

B. 被告就原告

C. 以当事人所在地的人民法院管辖

D. 以诉讼标的所在地人民法院管辖

(13)建设工程纠纷仲裁解决时，以下不正确的论述是(　　)。

A. 当事人申请仲裁后，可以自行和解

B. 仲裁庭作出裁决前，可以先行调解

C. 仲裁庭调解达成协议的，仲裁庭应该制作调解书，不再制作裁决书

D. 调解书与裁决书具有同等法律效力

(14)下列关于和解的说法，正确的是(　　)。

A. 能够较为经济、较为及时地解决纠纷

B. 纠纷的解决有第三方的介入，其身份没有限制，但最好为双方所信任

C. 有利于消除合同当事人的对立情绪，维护双方的长期合作关系

D. 达成的协议不具有强制执行的效力，其执行依靠当事人的自觉履行

(15)和解与调解相比较，其主要区别是(　　)。

A. 是否能够经济及时地解决纠纷

B. 纠纷的解决有无第三方介入

C. 是否有利于维护双方的合作关系

D. 达成的协议是否具有强制执行的效力

(16)下列各项中,关于仲裁过程中的证据提供收集和应用,说法正确的是(　　)。

A. 证据的提供应该由公安或者检察部门负责

B. 仲裁庭认为有必要收集的证据,经当事人同意,可以收集

C. 仲裁庭对专门性问题认为需要鉴定的,可以交由当事人约定的鉴定部门鉴定,也可以由仲裁庭指定的鉴定部门鉴定

D. 当事人认为需要的,可以向鉴定人直接提问

四、任务评价

(1)在完成此次任务过程中,存在的主要问题有哪些?

____

____

____

(2)产生问题的原因有哪些?________________________

____

____

请提出相应的解决方法:__________________________

____

____

____

(3)你认为还需加强哪方面的指导(可以从实际工作过程及理论知识考虑)?

____

____

____

五、拓展训练

应用案例分析

1994年6月15日,联合置业公司与吉林省建筑总公司第一工程处(以下简称:第一工程处)签订了《工程协议书》,约定由第一工程处承建长春市贵阳街金融大厦工程,工程为框架结构28层(含地下一层半),建筑面积34 482m^2。工程造价6 000万元(最后以预算审定为准)。开工日期暂定为1994年6月28日,竣工日期为1996年12月28日。合同签订后,第一工程处于1994年7月30日开始施工,1994年9月23日,第一工程处制订了“联邦广场金融中心基础工程施工方案”。为确保冬期施工质量,1994年11月3日,第一工程处又制订了“联邦金融中心2号楼冬期施工方案”,该方案对冬期施工组织机构、施工技术措施、安全措施等做了安排。对上述两方案,联合置业公司均盖章同意。1994年12月末第一工程处停止施工。1995年4月21日,联合置业公司、第一工程处、辽宁省建筑集团第四工程公司(以下简称:第四工程公司)签订《金融中心2号大厦工程交接协议书》(以下简称《交接协议书》),约定第一工程处将承建的金融大厦工程移交给第四工程公司施工,工程移交时间为1995年4月2日。此后即由第四工程公司负责对金融大厦的施工和工程管理工作,第一工程处除参与善后工作处理之外不再参与该项工程的任何工作。协议书确定了工程交接部位、移交时间及工程结算时间,同

时还约定于1995年9月末由联合置业公司全部结清工程款。至1995年8月止，联合置业公司共给付第一工程处工程款（包括材料折款）5 160 796元。1995年8月15日，第一工程处以要求联合置业公司依据《交接协议书》支付所欠工程款为由向法院起诉。经一审法院委托吉林省建设工程预算审查处决算审定，该工程由第一工程处施工部分造价为9 943 642元，联合置业公司尚欠第一工程处工程款4 782 846元。联合工业公司认可4 782 846元欠款。

另查明，建筑工程公司资质等级为一级。第一工程处隶属于建筑总公司，以第一工程处名义所签《工程协议书》和《交接协议书》均系建筑总公司法定代表人授权所签。建筑工程公司认可上述两个协议。

问题：根据此案例，回答以下问题。

（1）该案存在几对法律关系？

（2）该案涉及纠纷属于什么纠纷？

（3）谁应承担法律责任？应如何认定？

训练：某高校将投建第5实训楼，现你将为之提供项目建设过程全部法律服务，请就此制订法律服务工作计划。

学习情境二　建设工程许可法律实务

任务一　建筑主体资质申请

一、任务描述

你所在一家建筑施工企业计划在本年度申报房屋建设工程施工总承包特级资质，你必须于2010年5月1日之前完成该次申报的相关法律资料和法律建议书的准备工作。

二、学习目标

通过本学习任务的学习，你应当能：

1. 按照正确的方法和途径，落实申报条件，收集相关法律资料；
2. 依据资料分析结果，确定该次资质申报工作步骤；
3. 按照申报工作时间限定，完成该次申报法律建议书的编写和相关纠纷处理；
4. 通过完成该任务，提出后续工作建议，完成自我评价，并提出改进意见。

三、任务实施

引例1

2010年1月3日，昆明市在建新机场引桥在浇灌过程中垮塌，致7死34伤。吉林省松原市宁江区诚信劳务服务有限公司被罚30万元后，因不服处罚状告昆明市安全生产监督管理局。13日，昆明市盘龙区法院对此案作出一审判决：昆明市安监局作出的行政处罚并无不当之处，驳回劳务公司的诉请。法院认定，原告作为劳务分包企业签订劳务协作合同书时，使用了虚假的建筑业企业资质证书及建筑施工企业安全生产许可证，且获得工程后没有履行安全生产管理职责，使用了有质量问题的材料等，其对事故的发生确实负有责任。昆明市安监局的处罚事实清楚，证据确凿，适用依据正确，程序合法。

引例2

呼和浩特市建委在对该市外进建筑业企业备案情况进行检查中发现，部分外进建筑业企业仍未按照相关规定办理资质备案手续。市建委近日根据《呼和浩特市外进建筑业企业备案管理暂行办法》等法规，对未在规定期限内办理备案手续的27家外进建筑业企业作出了停止在该市地区参与投标活动的处罚，并将这些企业拒不办理企业资质备案的行为记入了该企业诚信档案。此外，由于呼和浩特铁路局房地产开发公司开发呼铁佳园住宅小区工程，擅自将部分专业承包工程分包给没有办理外进建筑业企业备案手续的外进企业，市建委决定对呼和浩特铁路局房地产开发公司予以通报批评，不良行为记入该企业的诚信档案。

引导问题1：阅读引例1、引例2，回答以下问题。

（1）什么是建筑企业资质管理？建筑企业资质可能对企业建筑经济行为造成什么影响？

（2）建筑企业资质申办涉及哪些工作程序？

（3）建筑企业资质管理可能产生哪些纠纷？

引导问题2：建筑业企业资质分为哪些等级？

引导问题3：按照企业资质标准填写表2-1。

建筑企业资质及承包工程范围 表2-1

企业类别	资质等级	承包工程范围
施工总承包企业（12类）	特级	
	一级	
	二级	
	三级	
专业承包企业（60类）	一级	
	二级	
	三级	
劳务分包企业（13类）	一级	
	二级	

相关测试

按照企业资质标准，判断下列表述正确与否。如有错误，请做相应改正。

施工特级资质必须达到以下标准。

1. 企业资信能力

(1)企业注册资本金2亿元以上。 ( )

(2)企业净资产3.6亿元以上。 ( )

(3)企业近三年上缴建筑业营业税均在4 000万元以上。 ( )

(4)企业银行授信额度近三年均在4亿元以上。 ( )

2. 企业主要管理人员和专业技术人员要求

(1)企业经理具有10年以上从事工程管理工作经历。 ( )

(2)技术负责人具有10年以上从事工程技术管理工作经历，且具有工程序列高级职称及一级注册建造师或注册工程师执业资格；主持完成过三项及以上施工总承包一级资质要求的代表工程的技术工作或甲级设计资质要求的代表工程或合同额1亿元以上的工程总承包项目。 ( )

(3)财务负责人具有高级会计师职称及注册会计师资格。 ( )

(4)企业具有注册一级建造师(一级项目经理)30人以上。 ( )

(5)企业具有本类别相关的行业工程设计甲级资质标准要求的专业技术人员。 ( )

3. 科技进步水平

(1)企业具有省部级(或相当于省部级水平)及以上的企业技术中心。 ( )

(2)企业近三年科技活动经费支出平均达到营业额的0.3%以上。 ( )

(3)企业具有国家级专利3项以上：近五年具有与工程建设相关的，能够推动企业技术进步的专利3项以上，累计有效专利8项以上，其中至少有1项发明专利。 ( )

(4)企业近十年获得过省级科技进步奖项或主编过工程建设国家或行业标准。 ( )

(5)企业已建立内部局域网或管理信息平台，实现了内部办公、信息发布、数据交换的网络化；已建立并开通了企业外部网站；使用了综合项目管理信息系统和人事管理系统、工程设计相关软件，实现了档案管理和设计文档管理。 ( )

(6)近五年承担过下列5项工程总承包或施工总承包项目中的3项，且工程质量合格。

①高度100m以上的建筑物。 ( )

②30层以上的房屋建设工程。 ( )

③单体建筑面积3万m^2以上房屋建设工程。 ( )

④钢筋混凝土结构单跨30m以上的建设工程或钢结构单跨36m以上房屋建设工程。 ( )

⑤单项建安合同额2亿元以上的房屋建设工程。 ( )

引导问题4：申请综合资质，应当由哪个行政部门提出申请？

引导问题5:首次申请或者增项申请建筑业企业资质,分别应当提交哪些材料?

(1)____________________

(2)____________________

(3)____________________

(4)____________________

(5)____________________

(6)____________________

(7)____________________

(8)____________________

(9)____________________

(10)____________________

引导问题6:取得建筑业企业资质的企业,申请资质升级、资质增项,在申请之日起前一年内不得存在哪些情形?

(1)____________________

(2)____________________

(3)____________________

(4)____________________

(5)____________________

(6)____________________

(7)____________________

(8)____________________

(9)____________________

(10)____________________

(11)____________________

(12)____________________

相关测试

判断下列对资质审核的表述正确与否。如有错误,请做相应改正。

1. 审核总时限

从受理建筑企业的申请之日起,60日内完成初审。 (　　)

2. 受理条件

(1)申请单位向建设主管部门提交企业资质申请报告(申请铁道、交通、水利、信息产业、民航、消防等方面资质的企业除外)。 (　　)

(2)接到企业资质申请报告后,经初步询问和检验,即发给《建筑企业资质审核表》。 (　　)

(3)企业申报单位携带如下资料,到建委企业科注册:《建筑业企业资质申请表》一式四份;企业法人营业执照正副本原件、原资质证书原件;企业章程;企业法人代表、经理、技术、财务、经营负责人的任职文件、简历和职称证件;企业在职工程、技术和经济管理人员的职称证件及身份证;企业验资报告;企业办公地址证明;企业完成代表工程及质量安全评定资料;工程合同及验收证明,新办企业除外;企业上年度和本年度财务决算报表,新办企业除外。 (　　)

(4)按照受理标准查验申办材料

申办材料符合受理标准的,给予申办人受理单,填写审批流程表,同时将申办材料附件与原件逐一核对,在原件上盖章确认后将原件即日退还申办人。通知申办人登录所在地建管网,按标准填写完成相应网上数据信息。 ( )

对申办材料不符合标准的不予受理,但必须及时将需要补齐、补正材料的全部内容要求及申办人的相关权利、投诉渠道以口头形式一次性告知申办人。 ( )

时限:5个工作日内完成。 ( )

(5)按照审核标准进行审核,区、县建委初审后,在《建筑业企业资质申请表》相应栏目内填写审核意见并加盖本单位公章,填写审批流程表,送上级建委建筑业管理处复审人员。 ( )

时限:自收到受理的书面资料和网络完整信息起15个工作日内完成。 ( )

3.初审标准

工商执照、职称人员职称证件、工程业绩、财务及统计报告等资料齐全、规范、真实有效。网络申办信息材料齐全、规范、有效、真实。 ( )

4.工作标准

对申报单位提供的各类资料复印件进行审核;对企业的财务统计报表及工程业绩进行考查。 ( )

引导问题7:由哪些行政部门对相应的行业资质进行监督管理?并可行使哪些权利?

____

____

____

____

____

____

____

引导问题8:本次资质申请所需资料是否齐全?完成表2-2的填写。

申报资料清查表

表2-2

申报资料清单(对照法定内容及格式要求)	完成时间	责任人	完成任务,划"√"
			□
			□
			□
			□
			□
			□
			□
			□
			□
			□

引导问题9:确定本次申报的工作流程。

引导问题10:完成本次申报的法律意见书。

(1)申办须知:

(2)权利要求:

(3)本次资质证书的有效期及效力:

(4)资质证书的续期:

(5)资质证书查询与变更:

(6)风险防范:

四、任务评价

1. 小组评价

根据小组完成任务情况给出评分，见表2-3。

任务评价表 表2-3

考核项目	分数			学生自评	小组互评	教师评价	小计
	差	中	好				
是否具有团队合作精神	1	3	5				
是否积极参与活动	1	3	5				
工作过程安排是否合理规范	2	10	18				
陈述是否完整、清晰	1	3	5				
是否正确灵活运用已学知识	2	6	10				
是否遵守劳动纪律	1	3	5				
此次任务完成是否满足任务要求	2	4	6				
是否有救济措施	2	4	6				
总计	12	36	60				
教师签字：				年 月 日		得分	

2. 自我总结

(1)在完成此次任务过程中，存在的主要问题有哪些？

____

____

____

____

(2)产生问题的原因有哪些？________________________

____

____

____

____

请提出相应的解决方法：________________________

____

____

____

____

(3)你认为还需加强哪方面的指导(可以从实际工作过程及理论知识方面考虑)？

____

____

____

____

五、拓展训练

应用案例分析

案情简介

原告:广东省某市建新建设工程公司

被告:广东省某市丽都大酒店有限责任公司

2001 年 7 月,原、被告双方签订建设工程合同,原告负责施工建设被告发包的某市建设路三号地丽都度假村酒店工程。合同签订后,原告交付被告质量保证金 50 万元,工程自 2001 年 9 月开始施工,2002 年 5 月正式完工并交付使用,工程经质检站鉴定为合格,原告向被告讨要工程款多次,被告均以种种理由拒绝给付。2002 年 9 月,原告将被告诉至广东省某市地方法院,要求其支付所欠的工程款人民币 205 万元,利息人民币 5 200 元,并退还保证金 50 万元。

原告诉称双方签订了建设工程承包合同,原告已经按照合同约定履行了自己的义务,而被告却严重违反合同的约定,迟迟不支付拖欠的工程款 205 万元,也不退还质量保证金 50 万元。原告要求法院判令被告支付工程款及退还质量保证金。

被告辩称对原告提出的工程款数额无异议,但是原告在建设工程合同签订时不具备相应的资质而没有向被告申明实情,并且造成工程延期,原告的行为属于欺诈行为,被告请求法院确认双方的建设工程合同无效,所欠工程款作为赔偿金给被告。另外,被告还提出了反诉,要求原告对其欺诈所造成的工程延期承担民事赔偿责任。

问题:请对该案进行分析与处理。

任务二　执业申报与注册

一、任务描述

你所在一家建筑施工企业现有12名专业技术人员，分别打算申报注册结构工程师、注册监理工程师、注册造价工程师、注册咨询工程师、注册建造师执业资格。请根据每人具体情况，帮助他们完成执业注册与申报。

二、学习目标

通过本学习任务的学习，你应当能：

1. 按照正确的方法和途径，落实申报条件，收集相关法律资料；

2. 依据资料分析结果，帮助专业技术人员申报执业资格许可，确定该次申报工作步骤和法律建议；

3. 通过完成该任务，提出后续工作建议，完成自我评价，并提出改进意见。

三、任务实施

引例1①

陕西省子洲县子洲中学教学楼工程由榆林市榆阳区规划设计院设计（项目负责人宋某），延安市建筑工程总公司施工（项目经理杜某），于1998年7月6日开工，1999年10月31日竣工验收，2000年4月4日正式投入使用。该工程为5层外廊式砖混结构，建筑面积3 535m^2，楼层为预应力多孔板混凝土梁结构。2000年6月5日，校方发现部分大梁及五层多功能厅、阶梯挑梁出现不同程度的裂缝，最宽处达1.5mm。经陕西省质量安全监督总站组织陕西省设计院、陕西省检测中心专家对事故进行全面分析鉴定，并经建设部建筑管理司质量技术处、勘察设计司技术质量处负责同志现场察看，一致认为，造成质量事故的主要原因是：施工图设计文件未严格按该地区6度抗震设防的规定进行设计，结构体系不合理，整体性差，构造措施不符合要求；施工单位施工的混凝土梁不能满足设计混凝土强度等级的要求，梁的质量不均匀，离差太大。2001年8月3日，陕西省建设厅就这起事故的处理情况发出了《关于子洲中学教学楼质量事故的通报》，对有关责任单位和责任人作出了严肃处理。

（1）对事故主要责任方榆林市榆阳区规划设计院责令停业整顿，整顿经榆林市建设局验收合格后，方可承接新的设计任务。收回该项目设计负责人宋某二级注册建筑师资格证书，5年内不得承担设计任务。

（2）对事故次要责任方延安市建筑工程总公司黄牌警告，收回项目经理杜某三级项目经理资格证书，1年内不得担任施工项目经理。

（3）对未认真履行建设单位职责、向延安市建筑工程总公司介绍不符合条件的联营单位，并对事故负有一定责任的子洲中学，由子洲县委、县政府调查处理。

（4）对既无施工企业资质又无企业法人营业执照的子洲县东关建筑队，由子洲县政府依法处理。

---

① 朱宏亮. 建设法规. 2版. 武汉：武汉理工大学出版社，2003

(5)对在质量监督过程中把关不严的子洲县质监站予以通报批评。

(6)事故造成的经济损失,待加固结束后由榆林市建设局根据各方责任大小另行处理。

引导问题1:阅读引例1,回答以下问题。

(1)我国实行建筑专业人员执业资格制度的目的是什么?

(2)执业人员执业应满足哪些要求?遵循哪些原则?

相关链接

专业人员执业资格制度

《中华人民共和国建筑法》第14条规定:"从事建筑活动的专业技术人员,应当依法取得相应的执业资格证书,并在执业资格证书许可的范围内从事建筑活动。"在我国,对建筑业专业技术人员实行执业资格制度。我国目前在建筑业实行执业资格制度的专业技术人员包括:注册建筑师、注册结构工程师、注册监理工程师、注册造价工程师、注册咨询工程师、注册建造师等。

建筑业专业技术人员不同岗位的执业资格存在许多共同点:(1)均需要参加统一考试;(2)均需要注册;(3)均有各自的执业范围;(4)均须接受继续教育。这些共同点是宏观范围上的相同点,它们还有许多微观范围的相同点,例如,不得同时应聘于两家不同的单位等。

引导问题2:注册建造师的报考条件有哪些?

引导问题3:申请注册建造师存在哪些情形时,将不予注册?

引导问题4:申请注册建造师需准备哪些资料?

相关知识

判断对注册建造师的执业表述正确与否。如有错误,请做相应改正。

注册建造师的执业范围包括:从事建设工程项目总承包管理或施工管理,建设工程项目管理服务,建设工程技术经济咨询,以及法律、行政法规和国务院建设主管部门规定的其他业务。 (　　)

取得资格证书的人员应当受聘于一个具有建设工程勘察、设计、施工、监理、招标代理、造价咨询等一项或者多项资质的单位,就可从事相应的执业活动。 (　　)

担任施工单位项目负责人的,可受聘于任何一个建筑企业。 (　　)

注册建造师的具体执业范围可与受聘单位协商执行。注册建造师在得到受聘单位的同意后可同时在两个及两个以上的建设工程项目上担任施工单位项目负责人。 (　　)

建设工程施工活动中形成的有关工程施工管理文件,应当由注册建造师签字并加盖执业印章。施工单位签署质量合格的文件上,必须有注册建造师的签字盖章。 (　　)

引导问题 5:注册建造师有哪些权利和义务?填写表 2-4。

注册建造师权利义务对照表 表 2-4

权　　利	义　　务

引例 2

原告蒋永海与被告崔东峰于 2003 年 10 月 16 日签订《建房协议书》一份。双方约定:蒋永海为崔东峰承建厂房,地点为沈阳市于洪区杨士乡大堡村,包工不包料。按厂房实际平米数 45 元/m^2 计,分三次付清;房屋保修费 5 000 元整,房屋竣工后 2 个月验收合格后付清。厂房长约 35m,宽 12m,高 4m,南窗 10 个,北窗 6 个,门 2 个,厂房结构砖混 3.7 墙,里 J'1-t 缝,水泥地面,梯角线房顶防水,地基深 1m,地梁、圆梁;墙内墙、小仓库由原告负责拆;工期为从签订之日起计共 15 日。合同签订后,蒋永海按约定拆除了原有的院墙、小仓库,承建厂房,施工至同年 11 月中旬,撤出工地。蒋永海在撤出工地时,基本完成了约定的工程量,只未能进行屋顶防水及水泥地面施工。蒋永海已承建的房屋面积为 420m^2,劳务费按约定 45 元/m^2 计算,总计人工费 18 900 元。崔东峰在施工过程中,以借款形式已向蒋永海支付人工费 10 150 元。2005 年 1 月,蒋永海以要求给付尚欠工程款为由,将崔东峰诉至沈阳市于洪区人民法院。

引导问题 1:阅读引例 2,回答以下问题。

(1)崔东峰与蒋永海签订的建房协议是否有效?为什么?

(2)该案应如何处理?

引导问题2:请根据需申请人员具体情况,提交一份法律建议书。

(1)二级注册结构工程师:

(2)注册监理工程师:

(3)注册造价工程师:

(4)注册咨询工程师:

(5)一级注册建造师:

四、任务评价

1. 小组评价

根据小组完成任务情况给出评分,见表2-5。

任务评价表 表2-5

考核项目	分数			学生自评	小组互评	教师评价	小计
	差	中	好				
是否具有团队合作精神	1	3	5				
是否积极参与活动	1	3	5				
工作过程安排是否合理规范	2	10	18				
陈述是否完整、清晰	1	3	5				
是否正确灵活运用已学知识	2	6	10				
是否遵守劳动纪律	1	3	5				
此次任务完成是否满足任务要求	2	4	6				
是否有救济措施	2	4	6				
总计	12	36	60				
教师签字:				年 月 日		得分	

2. 自我总结

(1)在完成此次任务过程中,存在的主要问题有哪些?

____

____

____

(2)产生问题的原因有哪些?______________________

____

____

____

请提出相应的解决方法:__________________________

____

____

____

(3)你认为还需加强哪方面的指导(可以从实际工作过程及理论知识方面考虑)?

____

____

____

____

____

五、拓展训练

应用案例分析

《建筑师资格证书》等资质挂靠火爆背后——"双赢"利益链条藏风险

作者:冯立华

近年来,由于各类资质考试兴盛一时,一些"精明人"考取了建筑行业的资格证书用来出租,各个建筑单位也需要这些具有资质的人员在实际工作中担任重要岗位。这些建筑行业的资格证书,为那些没有能力雇佣专业人才却想正常营业的公司开辟了一条新的"捷径"——用证书代替资质。那些"精明人"考取资格证书后甚至在网上明码标价公开叫卖,开展了租赁证书业务。表面上,买卖双方实现了"双赢",殊不知,在这种看似公平的资质挂靠、出租、出借的关系下,却存在着法律风险。

暗访:出租证书赚外快　网上叫卖受欢迎

孙先生是2008年考取二级建造师资格证书的,当时考试费、培训费、教材费等费用共花费了1 500多元;此外,他因为准备考试前前后后复习了2个多月的时间。后来听朋友说,若将证书出租,就能很快赚取一笔可观的收入。于是,孙先生在百度上发了帖子,并留下了自己的手机号、QQ号。很快,某建筑安装公司联系上了孙先生,要租用他的证书,并答应在相关部门成功注册后就可以每年给他6 000元作为报酬。孙先生尝到了甜头之后,又考取了造价师证书,并以3年5.5万的价格租给某企业。

据孙先生介绍,租赁证书的交易一般是通过网上查询,或是通过朋友介绍暗中交易,现已经渐渐公开化,成了某些行业的潜规则。房产经纪人执业证书、二级建造师资格证书、造价师证书、项目工程师证书……这些专业的证书,目前正在同商品一样被用来买卖、租借。

随后，记者在百度中输入了关于挂靠证书的关键词，发现很多网页、帖子纷纷而至。“现急需一级注册建筑师证书挂靠，2人。挂靠地点：河北唐山。费用：2年一次性付清。具体数额：根据市场行情双方协商。收到信息后，我将第一时间与您联系，谢谢”，“我们是一家专业建筑猎头服务公司。我公司业务面覆盖全河北省，长期致力于为企业寻找及挖掘具有相关证件的挂靠或工作人才”……同时记者发现，几乎每个帖子的内容下面都有人询问价格、联系方式等。持证人从中赚取了一部分可观的外快，而那些企业可以顺利经营项目、降低成本，这种“双赢”的买卖，交易十分火爆。

成因：市场背后的“潜规则”

各式各样的专业证书，为一些没有能力雇佣专业人才，却想正常营业的公司开辟了一条新的“捷径”——用证书代替资质。开办一家公司需要数张资格证书，但是真正能考到证书的人是少数的。一些小公司因自身的财力现状没办法雇佣到那么多的专业人才，就只能用租赁证书的办法，满足营业的需求。孙先生分析说：“租赁证书的确是‘双赢’的买卖。企业降低了成本，我们这些有资格证的人费劲考了证书放着不用也是可惜，租出去还能挣钱。”

某建筑安装公司的张经理告诉记者：“我们也知道租赁别人的证书不好，但是实在没办法。我们厂子先后组织工人参加二级建造师考试已经3年了，每次都有5个人参加考试，花费了近两万元，但是工人的整体水平较低，没有一个人顺利通过考试。我们不得已才选择了这个简单的方式。就算有人顺利拿到了二级建造师的资格证书，还要给工人升职为项目经理，加薪，养老保险、医疗保险等待遇都要提高，多出来的费用远远高于租赁证书的费用。”

此外，记者还发现，随着租赁证书市场日益火爆，相关证书培训机构也进入了人们的视线。一些资格证书培训机构在广告语中频频承诺“考试包过”，并提供“证书挂靠”的一系列服务。

法律风险：解除租证合同，需要有技巧

本市某家具有建设施工资质的单位，挂靠了3名项目经理，王先生就是其中一名，因王先生有一份比较理想的外企工作，就将项目经理资质证书以每年5000元的价格租借给该公司，该公司因得益于挂靠了3名有资质的项目经理，才有资格参加大型招标会，承揽了不少工程。今年年初，王先生看到网上有很多招募挂靠项目经理资质的企业，报酬不菲，打算换一家公司挂靠。他多次找到企业，要求将项目经理资质马上调出，请企业在调出申请上签字并盖章，同时，结算清全部的租金。企业一时找不到合适的项目经理顶替王先生，又因已参加了招投标，其中也有王先生的资质情况的详述，若王先生突然离开，势必会给企业一个措手不及的打击，企业领导采取了久拖不办的方式，躲着不给盖章。无奈，王先生欲将此事起诉至法院，法院认为王先生的主张不属于法院受诉范围，不予受理；王先生又提出劳动仲裁，但劳动仲裁单位以王先生并未与该公司形成正式劳动合同关系，双方是资质租赁合同关系，也不属于劳动仲裁的受诉范围。最终，只有待该企业找到了合适的项目经理顶替王先生的时候，王先生才得以将资质调出，但已经错过了合适的单位接收。这一番波折，让王先生明白了不能随便出租资质，更不能随便转调资质。虽然因出租资质有了一定的经济收入，但这明显是不能摆到台面上的收入，出现纠纷后不管是出租资质方还是承租资质方都不能顺利通过司法途径维权。

河北正一律师事务所的封志宏律师指出，根据建设部《建筑施工企业项目经理资质管理办法》第三十一条明确规定：“伪造、涂改、出卖或转让《建筑施工企业项目经理资质证书》、《全国建筑施工企业项目经理培训合格证》的，由企业所在地建设行政主管部门视情节轻重分别给予警告、扣留资质证书（或培训合格证书）、罚款或取消资质的处罚。”《中华人民共和国建筑法》第十四条规定：“从事建筑活动的专业技术人员，应当依法取得相应的执业资格证书，并在执业资格证书许可的范围内从事建筑活动。”本案中王先生与该企业的做法明显都是违法行为。同时，封律师还表示当前在建筑领域出租、出借资质情况相当普遍，在建筑工伤纠纷、招投标合同纠纷、承揽合同纠纷中尤为突出，由个人资质的出租已演变成了单位专项资质的挂靠、出租、出借，用以收取挂靠费和租金，致使企业或个人承担了更大的法律风险。这些所谓的资质挂靠、出租，严重违反了诚实信用原则；更有甚者，以“拉大旗做虎皮”的手段，规避法律规定的强制性规定，逃避债务、风险及税收，破坏国家市场经济平衡协调作用。因此，各行各业都应主动杜绝这种资质中介行为，增加法律风险防范意识，更好地维护自身权益。

问题：你如何看待这种现象？对此，你有哪些应对措施？

相关链接

1999 年 3 月 3 日，建设部、监察部令第 68 号发布，自发布之日起施行的《工程建设若干违法违纪行为处罚办法》规定：

禁止勘察、设计、施工、监理单位及其人员转让、出借资质证书、执业资格证书、职称证书，或者以其他方式允许他人以本单位或本人名义承接工程任务。

（一）对违反本条规定的勘察、设计单位的处理：责令改正、予以警告，没收违法所得，设计文件无效，并处罚款；责令停业整顿；将违法行为记录在案，作为资质年检的重要依据；造成重大事故的，降低资质等级，两年内不得升级；造成特大事故的，吊销资质证书。

（二）对违反本条规定的勘察设计执业注册人员或非执业注册的其他专业技术人员的处理：对于转让、出借执业资格证书、职称证书，允许他人以本人名义执行业务，或者在非本人执业单位编制的勘察设计文件上加盖印章和签字的，责令停止违法行为，没收违法所得，处以违法所得五倍以下罚款，并处停止执业一年；情节严重的，吊销执业资格证书，五年内不予注册；对非执业注册的专业技术人员，处以罚款。

（三）对违反前款规定的施工、监理单位的处理：

1. 责令改正，予以警告，没收违法所得，并处罚款；责令停业整顿；将违法行为记录在案，作为资质年检的重要依据。

2. 对于再次转让、出借资质证书或者以其他方式允许他人以本单位名义承接工程的，除依照前项规定处理外，降低资质等级，两年内不得升级；发生重大事故的，吊销资质证书。

任务三　获取城市规划与建设用地许可

一、任务描述

你所在一家房地产开发企业欲就金强大学城商业街进行打造，你必须在 2010 年 7 月 1 日前获取该项目的城市规划和建设用地许可。

二、学习目标

通过本学习任务的学习，你应当能：

1. 按照正确的方法和途径，落实申报条件，收集相关法律资料；

2. 依据资料分析结果，确定该次建设用地、选址意见、建设用地规划、建设工程规划等许可申报工作流程；

3. 按照本次任务时间限定，完成该次任务法律建议书和相关纠纷处理；

4. 通过完成该任务，提出后续工作建议，完成自我评价，并提出改进意见。

三、任务实施

引例 1

具有 500 年历史的湖北省武汉市汉正街历来被誉为“天下第一街”，汉正街小商品市场的繁荣一直把握着武汉早期商业的命脉。但近十几年，汉正街却由鼎盛走向衰落，为此，汉正街市场在政府的主导下开始了“二次创业”，大力进行旧城拆迁、改造，意在打造全新的汉正街商贸区。顺天泰公司是名义上的开发商，但其并不具有开发能力，背后的实际投资方为徐东公司，两家合作开发此项目。金正茂公司是项目的销售商。2008 年 11 月，顺天泰公司在《楚天都市报》上刊登了一个公告，公告写明：“为维护您和他人的合法权益，请该拆迁范围内少数未签订拆迁协议或未与我办联系的房主见报后 10 日内与我办联系磋商，以解除危房对您及他人可能带来的危害，否则我办将在危房可能危害他人生命财产安全的情况下，采取必要的措施，以免您及他人的生命财产安全受到侵害。”

2009 年 11 月，该地段的合法私有房产在没有达成任何补偿协议的情况下，被开发商以危房改造之名强拆，该块土地没有经过“招、拍、挂”程序，开发商甚至在没有取得《建设工程规划许可证》的情况下，就开始施工建设。

引导问题 1：引例 1 中的项目可以开始施工吗？开发商存在哪些违法行为？

____

____

____

____

引导问题 2：在城市规划和建设用地许可获取工作中，应包含哪些工作内容？

____

____

____

____

引导问题3:什么是选址意见书?如何获取?

引导问题4:什么是土地使用权和建设用地许可?如何获取?

引导问题5:什么是建设用地规划许可?如何获取?

引导问题6:什么是建设工程规划许可?如何获取?

引导问题7:以上几项许可在申办程序上,有无先后之分?

相关链接

"建设用地规划许可证"是上地利用符合城市规划的法定凭据。《上地管理法》第16条规定:"在城市规划区内,土地利用应当符合地城市规划"。《城市规划条例》第31条规定,城市规划主管部门审查批准用地位置、面积和范围,"发给建设用地许可证,方可使用土地"。1987年5月《国务院关于加强城市建设工作的通知》又强调:"经过批准的城市规划具有法律效力,要严格实施"。《城市规划法》第31条明确城定:"建设单位或者个人在取得建设用地规划许可证后方可向县级以上地方人民政府土地管理部门申请用地"。第39条规定:"在城市规划区内,未取得建设用地规划许可证而取得建设用地的批准文件、占用土地的,批准文件无效"。上述法律、法规明确规定了城市规划在保证城市土地合理利用方面的法律约束力和城市规划行政主管部门行使城市建设用地规划管理的法定职能。建设用地规划许可证是建设单位在向土地管理部门申请征用、划拨土地前,经城市规划行政土管部门确认建设项目位置、面积范围符合城市规划的法定内行凭证。它的意义在于确保土地利用符合城市规划,为上级管理部门在城市规划区内行使权属管理职能提供必要的法律依据,从而明确两个职能部门的职责分工,保证法定的城市建设用地审批程序的科学、合理。

“建设用地规划许可证”是维护建设用地单位合法权益的法律证据。建设用地单位获得建设用地规划许可证后，说明该单位建设用地是符合城市规划要求的，是合法的，不是违法违章使用城市土地。同时，“建设用地规划许可证”也是解决建设用地单位之间侵权纠纷时的法律证据。核发“建设用地规划许可证”，对于维护建设用地单位的合法权益，有效地制止违章占地和违章建设，保证城市规划实施，使城市用地建设严格按照城市规划进行具有重要的法制作用。

核发“建设用地规划许可证”，经过多年实践证明是行之有效的，已得到社会的普遍承认。各地城市也都以地方法规或规章的形式规定了建设用地规划许可证制度，只是名称有所不同。如湖北等省和广州市叫“征用土地许可证”；合肥、鞍山等市叫“建设用地许可证”；陕西、河北、河南等省和重庆等市叫“建设用地许可证”。当然《城市规划法》颁布后，应当一律称之为“建设用地规划许可证”，简称“建设用地许可证”。多年实践证明，这种制度对于保证城市规划顺利实施违章滥占乱建，是行之有效的，已经得到建设用地单位和社会的普遍承认。

引例 2

2007 年 5 月 26 日，侯某与苏某签订《租赁合同》，苏某将其在广东省中山市横栏镇某工业区的一座厂房出租给侯某，作工业用途，月租金为 21 500 元，租期从 2007 年 6 月 1 日起至 2010 年 5 月 30 日止，侯某向苏某交纳押金 50 000 元。2008 年 6 月，侯某在申办《营业执照》的过程中方知，苏某出租给自己的厂房没有房产证，没有土地证，也未取得建设工程规划许可证，致使侯某无法办理《营业执照》，于是，侯某多次找到苏某，要求终止租赁合同，退回押金50 000元，然协商未果，侯某遂起诉到法院.

引导问题 1：侯某有无权利终止租赁合同？侯某的损失应由谁来赔偿？

引导问题 2：请制订本次许可获取的工作计划。

引导问题 3：根据本项目要求，完成表 2-6、表 2-7 的填写。

建设用地规划许可申办工作计划表　　表 2-6

一、项目概述

序号	事　　项	
1	项目名称	
2	办理单位	
3	办理窗口	
4	办理时限	
5	收费标准及依据	
6	窗口电话	
7	投诉电话	

二、法定依据

序号	相 关 法 规
1	
2	
3	
4	
5	
6	
7	

三、办理程序

序号	工 作 内 容
1	
2	
3	
4	

四、申请材料

序号	材 料 名 称	来　　源
1		
2		
3		
4		
5		
6		
7		
8		
9		
10		
11		

建设工程规划许可申办工作计划表 表 2-7

一、项目概述

序号	事　项	
1	项目名称	
2	办理单位	
3	办理窗口	
4	办理时限	
5	收费标准及依据	
6	窗口电话	
7	投诉电话	

二、法定依据

序号	相 关 法 规
1	
2	
3	
4	
5	
6	
7	

三、办理程序

序号	工 作 内 容
1	
2	
3	
4	

四、申请材料

序号	材 料 名 称	来　源
1		
2		
3		
4		
5		
6		
7		
8		
9		
10		

引导问题4:根据本项目要求,完成该次规划与用地许可申办法律意见书。

(1)申办前置条件:________________

(2)申办流程:________________

(3)申办注意事项:________________

(4)规划与用地许可证主要内容:________________

(5)规划与用地许可证有效期:________________

(6)能否变更许可内容？如何变更？________________

(7)风险防范：

四、任务评价

1. 小组评价

根据小组完成任务情况给出评分，见表 2-8。

任务评价表 表 2-8

考核项目	分数			学生自评	小组互评	教师评价	小计
	差	中	好				
是否具有团队合作精神	1	3	5				
是否积极参与活动	1	3	5				
工作过程安排是否合理规范	2	10	18				
陈述是否完整、清晰	1	3	5				
是否正确灵活运用已学知识	2	6	10				
是否遵守劳动纪律	1	3	5				
此次任务完成是否满足任务要求	2	4	6				
是否有救济措施	2	4	6				
总计	12	36	60				
教师签字：				年　月　日		得分	

2. 自我总结

(1)在完成此次任务过程中，存在的主要问题有哪些？

(2)产生问题的原因有哪些？

请提出相应的解决方法：

(3)你认为还需加强哪方面的指导(可以从实际工作过程及理论知识方面考虑)?

____

____

____

____

五、拓展训练

应用案例分析

1999年4月29日,赵某与××市城市建设综合开发公司(以下简称开发公司)签订协议书,取得位于×市×区×办事处环城北路北侧的面积为896m^{2}的土地一块,并约定支付被划拨单位损失补偿费及其他费用共计110 600元整。

在与开发公司签订的协议书中,明确约定开发公司负责土地上的房屋拆迁安置工作,协调建设单位进场等有关事宜。然而,由于开发公司怠于履行义务,使整个拆迁安置工作在2005年2月才基本结束,使得整个土地的有效利用延迟了七年。

正当赵某准备进场施工时,才发现属于赵某所有的896m^{2}土地中已有289m^{2}被李某、王某、张某等人占用施工,而李某等人占用施工又是经规划部门放线同意。这使得赵某联系的施工单位不能按期进场施工,大量的设备和人员闲置,并大大延缓了赵某对该土地的及时开发利用,给赵某造成了巨大经济损失。

问题:该案涉及哪些问题?应如何处理?带给我们什么启示?

任务四　工程报建与施工许可申办

一、任务描述

你所在一家房地产开发企业欲就金强大学城商业街进行打造，现已获取该项目的城市规划和建设用地许可。你必须在 2010 年 8 月 1 日前完成该项目的工程报建和施工许可证的办理。

二、学习目标

通过本学习任务的学习，你应当能：

1. 按照正确的方法和途径，落实申报条件，收集报建与施工许可相关法律资料；
2. 依据资料分析结果，确定完成该次任务的工作步骤；
3. 按照任务工作时间限定，完成该次任务法律建议书和相关纠纷处理；
4. 通过完成该任务，提出后续工作建议，完成自我评价，并提出改进意见。

三、任务实施

引例 1

三无违法建筑的关公像是怎么建起来的？

近日，网传广东肇庆市将拆除一座投资方自称 3000 万元兴建的关公雕像的消息已经得到证实，原因是该铜像为“无用地手续、无规划报建手续、无建筑施工许可”的三无违法建筑，必须要拆除（10 月 10 日《广州日报》）。令人大惑不解！这么大的一个项目，而且就在高高的山顶上施工，时间跨度又长达 6 年（从 2004 年开始设计、施工，到 2009 年下半年完成主体结构和装修工程），在有关部门认定其为三无违法建筑的情况下，居然不加阻止，任由其畅通无阻建成，事到如今，则又要下令将其拆除！

据 9 日《新华网》披露，肇庆将军山旅游有限公司有关负责人表示，早在 2005 年，该工程曾找过城乡规划局，当时对方称不在其管辖范围。而现在又表示，巨型关公像并不属于“必要的风景点”，将军山旅游风景区所在林地应当“严禁进行其他建筑开发”，其建设对生态环境和植被已造成严重不良影响。另据 10 日《广州日报》报道，此前，该市环保局曾多次要求该景区进行环评，但景区的出租方和承包方至今没按规定进行环评。去年，肇庆市政府还为此事召开协调会议作出尽快补做环评的决定，但至今未得到落实。

由此可见，国土局放了个马后炮，当初在旅游公司没报批用地手续的情况下，对违建听之任之，待建成后再援引上述规定，严令其拆除；规划局则先是推诿后又明确表态“严禁进行其他建筑开发”；环保局算是认真干预过该工程，无奈缺乏干预力度和权威，结果不了了之；关键还在于市政府模棱两可的态度，按市政府的意思，只要施工方尽快补做环评，就能为该工程开启绿灯，不然也没必要召开协调会议了，干脆下令停止施工即可。

接下来的问题是，关公像一旦拆除，谁来为损失的 3000 万买单？是旅游公司还是政府？应该是前者吧。如是，则旅游公司不会放过政府，他们有足够的理由将政府告上公堂，告政府失察、失职、监督不力、行政不作为和滥作为，到时肇庆市政府又将何以应对？拭目以待！

引导问题1:阅读引例1,回答以下问题。

(1)你如何看待该事件?

(2)在建设工程程序中,报建与办理施工许可处于的哪个环节?它对工程实施将产生什么影响?

引导问题2:什么是工程报建?

相关知识

判断下面关于工程报建范围与内容的表述是否正确。如有错误,请做相应改正。

1. 按照《工程建设项目报建管理办法》规定,凡在中华人民共和国境内投资兴建的工程建设项目,包括外国独资、合资、合作的工程项目,都必须实行报建制度,接受当地建设行政主管部门或其授权机构的监督管理。 (　　)

2. 工程建设项目的投资和建设规模有变化时,建设单位可先自行修改设计方案,再到当地建设行政主管部门或其授权机构进行备案。 (　　)

3. 筹建负责人变更时,应重新登记。凡未办理报建登记的工程建设项目,不得办理招标投标手续和发放施工许可证,勘察、设计、施工单位不得承接该项工程的勘察、设计和施工。 (　　)

4. 工程建设项目的报建内容主要包括:①工程名称;②建设地点;③投资的规模;④资金来源;⑤工程规模;⑥开工、竣工日期;⑦发包方式。 (　　)

引导问题 3:工程报建的基本程序有哪些?

引导问题 4:什么是工程施工许可?

引导问题 5:申请领取施工许可证应满足哪些条件?

> **特别提示**
>
> 国家对施工图设计文件实施审查制度。由建设行政主管部门认定的施工图审查机构按照有关法律、法规,对施工图涉及公共利益、公众安全和工程建设强制性标准的内容进行的审查。施工图经审查不合格的,不得使用。

引例 2

1996 年 4 月 6 日,天津市乙建筑工程总公司第五建筑工程公司(以下简称第五建筑工程公司)与天津市甲生物工程公司(以下简称甲公司)签订了承建甲公司第 2 号车间的建筑安装工程承包合同,合同约定承包方式为包工包料,工期 122 天,预算工程价款为 3 399 980 元。合同签订后,第五建筑工程公司开始了现场施工。后天津市乙建筑工程总公司发现该工程没有立项报批且合同价款偏低,遂让第五建筑工程公司索回甲公司手里的合同文本,并对工程造价提出异议,要求重新签订合同。但甲公司坚持原合同,双方因此并没有签订新合同。

1996 年 11 月工程竣工,甲公司共给付工程款 3 107 250 元。因手续不齐全,该工程一直未领取开工证和产权证。同时双方对工程造价也意见不一。后天津市乙建筑工程总公司向法院起诉了甲公司。

引导问题 1:未领取施工许可证可以对外发包工程吗?

引导问题 2：根据本项目要求，检查本次申报所需资料是否齐全，并完成表 2-9 的填写。

报建与施工许可申报资料清查表 表 2-9

报建、施工许可申请资料清单 （对照报建、施工许可申请文件内容及格式要求）	完 成 时 间	责 任 人	完成任务，划"√"
			□
			□
			□
			□
			□
			□
			□
			□
			□
			□

引导问题 3：根据本项目情况，填写表 2-10，完成报建工作。

报建审字第　　号

建设工程项目报建登记表 表 2-10

建设单位 资金来源 工程名称		单位地址 拟定发包方式 建设地点	
投资计划文号 建设规模 投资许可证		总投资 计划开竣工日期	
工程筹建情况	建设用地		
	拆迁		
	勘察		
	设计		
	负责人		
	经办人		
建设单位意见	（盖章） 年　月　日		
所属主管部门意见	（盖章） 年　月　日		
建设行政主管部门意见	（盖章） 年　月　日		

引导问题4:根据本项目要求,完成该次规划与用地许可申办法律意见书。

(1)申办前置条件:

(2)申办流程:

(3)申办注意事项:

(4)报建与施工许可证主要内容:

(5)施工许可许可证有效期与延期:

(6)能否变更许可内容?如何变更?

(7)风险防范：________________

____

____

____

相关链接

按照国务院规定的权限和程序批准开工报告的建设工程，不再领取施工许可证。具体管理的内容如下：

(1)开工报告批准后，按照国务院有关规定批准开工报告的建设工程，因特殊情况不能按期开工的，应当及时向批准机关报告情况；

(2)在施工过程中，因发生特殊情况而中途停止施工的，建设单位应当尽快向发证机关报告中止施工的有关情况，包括中止施工的时间、原因、施工现状、维护管理措施等；

(3)因发生特殊情况而不能按期开工超过6个月的，开工报告自行失效，建设单位应当按照国务院有关规定重新向批准开工报告机关申请办理开工报告的批准手续。

四、任务评价

1. 小组评价

根据小组完成任务情况给出评分，见表2-11

任务评价表 表2-11

考核项目	分数			学生自评	小组互评	教师评价	小计
	差	中	好				
是否具有团队合作精神	1	3	5				
是否积极参与活动	1	3	5				
工作过程安排是否合理规范	2	10	18				
陈述是否完整、清晰	1	3	5				
是否正确灵活运用已学知识	2	6	10				
是否遵守劳动纪律	1	3	5				
此次任务完成是否满足任务要求	2	4	6				
是否有救济措施	2	4	6				
总计	12	36	60				
教师签字：				年 月 日		得分	

2. 自我总结

(1)在完成此次任务过程中，存在的主要问题有哪些？

____

____

____

____

(2)产生问题的原因有哪些？______

______

______

______

请提出相应的解决方法：______

______

______

______

(3)你认为还需加强哪方面的指导(可以从实际工作过程及理论知识考虑)？

______

______

______

______

五、拓展训练

应用案例分析

2003 年 8 月 18 日，原告佛山市顺德区公路局向顺德区伦教街道仕版村民委员会受让伦教世龙工业区仕版工业区 7 664.20m^2 土地的国有土地使用权，拟建设佛山市顺德区公路局仕版养护中心料场。2004 年 1 月 18 日，原告领取《国有土地使用权证》，编号为顺府国用(2004)第 0201189 号。同年 3 月 5 日，原告领取《建设工程规划许可证》，编号为佛顺建证(20041)00255 号。同年 3 月 18 日，原告领取《建设工程施工许可证》，编号为 0062004005 号。2004 年 3 月 20 日，原告开始组织有关施工机关(佛山市顺德区承德建设工程有限公司)施工，并安排有关挖土机和铲运机进入上述施工现场。被告梁女、吴三妹、何尚尧等村民以上述案涉土地是集体所有，涉及的土地是违法用地为由，从 2004 年 3 月 20 日开始，到案涉施工现场阻挠施工，并造成有关施工机械无法进行现场施工，至 2004 年 5 月 20 日，依法进行先予执行之后，原告的工地才恢复施工。根据佛山市顺德区广得信工程造价咨询有限公司作出的《佛山市顺德区公路局仕版养护中心工地机械费市场参考价》，因被告阻挠施工，造成原告 2004 年 3 月 20 日至 2004 年 4 月 14 日工地施工机械费损失 55 500 元。

问题：该案涉及哪些问题？应如何处理？

学习情境三　建设工程发承包法律实务

任务一　发承包前期法律服务

一、任务描述

一家房地产开发企业欲就金强大学城商业街进行打造，现已获取该项目的城市规划和建设用地许可，完成了工程报建和施工许可证的办理。假如你分别接受发承包的委托，为他们提供前期服务。你必须在2010年8月10日前提交该项目的发承包前期法律意见书。

二、学习目标

通过本学习任务的学习，你应当能：

1. 按照正确的方法和途径，收集相关法律资料；
2. 依据资料分析结果，协助完成本项目发承包前期招投标工作；
3. 按照工作时间限定，进行合同条款分析和风险预测，完成本项目合同评审和签订；
4. 通过完成该任务，提出后续工作建议，完成自我评价，并提出改进意见。

三、任务实施

引例1

A公司因建生产厂房与B公司签订了工程总承包合同。其后，经A公司同意，B将工程勘查设计任务和施工任务分别发包给C设计单位和D建筑公司，并各自签订书面合同。合同约定由D根据C提供的设计图纸进行施工，工程竣工时依据国家有关规定、设计图纸进行质量验收。合同签订后，C按时交付设计图纸，D依照图纸进行施工。工程竣工后，A会同有关质量监督部门对工程进行验收，发现工程存在严重质量问题，是由于C未对现场进行仔细勘查，设计不符合规范所致。A公司遭受重大损失，但C称与A不存在合同关系拒绝承担责任，B以自己不是设计人为由也拒绝赔偿。

引导问题：根据引例1，回答以下问题。

（1）什么是工程发承包？A、B、C、D在承发包合同中各自身份是什么？

（2）我国发承包常见的发包方式有哪些？B公司发包工程项目的做法是否符合法律规定？

(3)发承包基本原则是什么？

(4)B公司、C公司拒绝承担责任的理由是否充分？为什么？

引例2

原中共资阳市委办公室(现改为中共雁江区委,下称市委办)于2000年7月6日委托房产公司对市委的闲置土地进行定向开发,修建商住楼88套,总建筑面积16 000m^2。房产公司接受委托后,于同年9月27日委托诚信公司对该工程进行招标。同日,诚信公司向鼎立建司、第二建司、资阳市第五建筑工程公司(下称第五建司)发出投标邀请书及招标文书。该书载明:市委机关商住楼建设地点在资阳市和平路48号,建设规模为14 990m^2,工程发包方式为双包,投标单位交纳投标保证金44万元,现场踏勘及投标预备会于2000年9月28日下午3时召开,递交标书及开标会的时间为2000年10月4日上午9时,等等。9月28日,诚信公司组织有关人员对三投标人的资信标部分进行了实绩考查确认。10月3日上午,诚信公司书面通知三投标人更改标底和电话通知鼎立建司加盖原中标工程执行情况的证明公章。10月4日上午9时,三投标人按时递交标书后,开标会举行。上午9时30分许,诚信公司组织的评标小组对三投标人的资信标进行确认并公布在《资阳市委机关1号、2号、3号商住楼工程招标评分汇总表》上:第二建司73.15分(折合为29.26分),鼎立建司79.02分(折合为31.61分),第五建司82.09分(折合为32.84分)。上午11时许,诚信公司组织的评标小组认定鼎立建司递交的资信标中建设单位资阳地区人事局仅有个人签字未盖单位公章等应为无效,对资信得分予以扣减,即将鼎立建司的资信分79.02分更改为76.38分(折合为30.55分)。诚信公司当即宣布:第二建司最后得分78.25分,鼎立建司最后得分77.93分,第五建司最后得分76.92分,第二建司为中标人。当日下午,鼎立建司向资阳市建设工程招标投标管理站(下称市招标站)提出申诉。市招标站于同月11日作出资市建招(2000)10号《答复》,确认诚信公司组织进行的市委机关商住楼工程招标活动程序合法,结果公正。鼎立建司收到市招标站的《答复》当日向资阳地区建设工程招标投标管理办公室(下称地区招标办)提出投诉。地区招标办于10月23日作出资地建招标发(2000)6号《答复》,维持了市招标站的答复意见。鼎立建司在10月27日收到地区招标办《答复》当日,向四川省建设工程招标投标管理总站(下称省招标站)提出复审申请。10月27日,房产公司向第二建司发出中标通知书,但市招标站未在该中标通知书上签章。11月6日,省招标站作出川建招发(2000)17号《处理决定》,将地区招标办资地建招标发(2000)6号《答复》撤销,认定鼎立建司在市委机关商住楼工程的资信分有效。11月14日,第二建司向雁江区人民法院提出前列诉讼请求。12月11日,鼎立建司向本院提出确认其为市委机关商住楼工程的中标人的诉讼请求。

另查明,第二建司、鼎立建司、第五建司均向市委办交纳投标、履约保证金44万元。

引导问题1:根据引例2,回答以下问题。

(1)该案涉及的焦点问题是什么?

(2)招投标事务中双方需要哪些法律服务?

引导问题2:招投标分别应具备哪些条件?

引导问题3:招投标主要涉及哪些工作?法律有哪些相关规定?哪些环节容易产生纠纷?

引例问题4:建设工程合同的生效要件和效力形式有哪些?

引例问题5:建设工程合同的主要条款有哪些?合同文本通常由几部分组成?

引例问题6:建设工程合同评审的工作重点和程序有哪些?

相关知识

(1)下列选项中,不能作为合同法律关系主体的是(　　)。

A. 自然人　　B. 国家　　C. 法人　　D. 其他组织

(2)开标时,应当不作为无效投标文件的情形是(　　)。

A. 久未密封投标文件的　　B. 关键内容字迹无法辨认的

C. 未提供投保证金和投标保证的　　D. 无项目经理印章的

(3)依据《中华人民共和国担保法》的规定,当采用保证方式进行担保时,(　　)。

A. 债务人与债权人是保证合同的当事人,债务人向债权人保证,当债务人不履行债务时由保证人承担责任

B. 债务人与债权人是保证合同的当事人,保证人向债务人保证,当债务人不履行债务时,由保证人承担责任

C. 保证人与债务人是保证合同的当事人,保证人承诺,当债务人不履行债务时,保证人承担责任

D. 保证人与债权人是保证合同的当事人,保证人承诺,当债务人不履行债务时,保证人承担责任

(4)合同公证与鉴证的相同点是(　　)。

A. 目的、法律效力、原则　　B 范围、性质、目的

C. 目的、原则、内容　　D. 法律效力、目的、性质

(5)(2008年真题)我国《建设工程施工合同(示范文本)》规定,建筑工程一切险的投保人应由保证当是(　　)。

A. 施工合同的发包人　　B. 施工合同的承包人

C. 施工合同的发包人和承包人　　D. 工程项目的代建方和施工合同的发包人

(6)在代理行为中,因授权范围不明确,有被代理人向第三人承担民事责任时,代理人承担连带责任的基础是(　　)。

A. 该行为不属于代理人的个人行为

B. 代理人没有证据证明该代理行为是在被代理人不知情的情况下进行的

C. 代理人没有证据证明该代理行为无效

D. 被代理人无法承担责任

(7)建设工程施工安装合同法律关系的客体是指(　　)。

A. 物　　B. 货币　　C. 行为　　D. 智力成果

(8)为了指导投标人正确编制投标书,招标文件不应包括的内容是(　　)。

A. 投标须知　　B. 图纸和技术资料

C. 评标原则　　D. 合同条件

(9)(2008 年真题)某小型施工项目,甲乙双方只订立了口头合同,工程完工后,因甲方拖欠乙方工程款而发生纠纷,应当认定该合同(　　)。

A. 未成立　　B. 补签后成立

C. 成立　　D. 备案登记后成立

(10)下列选项属于指定代理关系终止的条件的是(　　)。

A. 代理期间届满　　B. 代理事项完成

C. 作为代理人的法人终止　　D. 被代理人死亡

(11)在提供方式中,比较强烈的担保方式是(　　)。

A. 保证　　B. 质押　　C. 定金　　D. 留置

(12)当事人一方不履行仲裁裁决时,另一方当事人可以依照《中华人民共和国民事诉讼法》的有关规定(　　)。

A. 向上级仲裁机构申请执行　　B. 向人民法院申请执行

C. 向首席仲裁员申请执行　　D. 向人民法院起诉

(13)对于投保人而言,保险的根本目的必须通过(　　)实现。

A. 调解　　B. 仲裁　　C. 诉讼　　D. 索赔

引例 3

某住宅小区桩基础施工包干措施费 100 万元,除本合同特别约定外,不因设计变更、工程进度、市场价格变动或承包人投标失误等任何原因而进行调整。合同工期:50 日历天。由于地质原因,在原定合同工期过半时,工程才完成 20%,进度严重拖后。项目打桩控制原则和施工措施都要做大调整,项目的工期要大大延长,成本也会大大增加。

引导问题:这个合同有什么问题?你将如何评审?

____

____

____

____

____

引例 4

在某次合同谈判中,C 公司充分利用建设部颁布的 GF-1999-0201 标准合同文本通用条款第 33 条有关工程竣工结算的规定:"发包人收到竣工结算报告资料后 28 天内无正当理由不支付工程竣工结算价款,从第 29 天起按承包人同期向银行贷款利率支付拖欠工程价款利息,并承担违约责任。"以及"发包人收到竣工结算报告以及结算资料 28 天内不支付工程竣工结算款,承包人可以催告发包人支付结算价款。发包人在收到竣工结算报告及结算资料后 56 天内仍不支付的,承包人可以与发包人协议将该工程折价,也可以由承包人申请人民法院将该工程依法拍卖,承包人就该工程折价或者拍卖的价款优先受偿。"在合同谈判中,C 公司把工程结算作为一个关键点来谈,尽可能地使专用条款中结算工程款的内容符合 C 方尽早结算工程款的要求;就具体时间和金额经过双方沟通、商议,总的原则为保本微利,后期拖欠的少量工程款为纯利。对于约定 5% 的保修金,C 方要求质保金在一年内付清,最迟两年内付清 80%,留 20% 待五年防水保修期满后付。

引导问题 1:根据引例 4 回答以下问题。

(1)引例4中合同谈判运用了什么谈判技巧?

(2)合同谈判应注意哪些问题?

引导问题2:根据本项目具体情况和业主要求填写表3-1,并提交法律意见书,完成前期法律服务。

(1)填写发包工作任务表。

发包工作任务表 表3-1

介入服务阶段	工作内容	法律意见
招标前期准备		
公告发布		
协助资格预审		
协助编制招标文件		
协助出售招标文件		
澄清及修改		
协助组织开标		

续上表

介入服务阶段	工作内容	法律意见
协助定标		
合同评审、谈判与签订		

(2)发包法律意见书。

①发包前置条件：

②发包流程：

③发包注意事项：

④发包合同主要内容：

⑤发包风险预测：

⑥风险防范：

⑦后期工作建议：

引导问题3：根据本项目具体情况，按照承包方要求，完成表3-2～表3-4的填写，并提交书面承包合同法律意见书。

（1）填写合同评审表。

合同评审表 表3-2

审查方面	评价	建议
合同有效性		
合同文本		
合同类型		
合同漏洞		
合同陷阱		
合同歧义		
合同冲突		

（2）填写风险登记表。

风险登记表 表3-3

风险名称	风险描述	发生可能性	后果	预防措施建议	应急对策建议

(3)填写谈判方案表。

谈判方案表 表3-4

谈判内容	谈判目标	谈判策略
工程内容和范围		
技术要求、技术规范和施工技术方案		
工程的开工和工期		
材料和操作工艺		
材料		
现场测量和试验的仪器设备		
工序质量检查问题		
付款条件和方式		
工程的变更和增减		
工程维修		
免责条款		
违约条款		
争端解决方式		

(4)承包合同法律意见书：

四、任务评价

1. 小组评价

根据完成任务情况给出评分，见表3-5。

任务评价表　　表3-5

考核项目	分数			学生自评	小组互评	教师评价	小计
	差	中	好				
是否具有团队合作精神	1	3	5				
是否积极参与活动	1	3	5				
工作过程安排是否合理规范	2	10	18				
陈述是否完整、清晰	1	3	5				
是否正确灵活运用已学知识	2	6	10				
是否遵守劳动纪律	1	3	5				
此次任务完成是否满足任务要求	2	4	6				
是否有救济措施	2	4	6				
总计	12	36	60				
教师签字：				年　月　日		得分	

2. 自我总结

(1)在完成此次任务过程中，存在的主要问题有哪些？

(2)产生问题的原因有哪些？

请提出相应的解决方法：____

____

____

____

____

____

____

____

(3)你认为还需加强哪方面的指导(可以从实际工作过程及理论知识考虑)？

____

____

____

____

____

____

____

____

五、拓展训练

应用案例分析

试剖析下面的合同条款，把你认为不完善的合同条款加以完善

第一条　合同范围

本合同包括全部必要的工程建筑与竣工，以及合同规定期间的维修，提供全部材料、机具、设备、运输工具、劳力、工厂(车间)以及为全面竣工所必需的一切长久性和临时性事宜。根据合同文件中的详细说明，合同分四部分，构成一个整体：

1. 投标文件、契约与合同；
2. 一般条款与特别条款；
3. 一般规范与特殊规范；
4. 方案与设计图。

第二条　工程速度

承包人应在签订合同后两周之内，向工程部提供各施工阶段明细进度表，把工程分成若干部分和子项，并表明每一部分和每一子项工程的施工安排。进度表日期不能超过合同所规定的日期，本进度要在得到工程部的书面确认之后方可执行。工程部有权对进度作其认为有利于工程的必要的修改，承包商无权要求对此更改给予任何补偿。工程部对于进度表的确认和所提出的更改并不影响承包人按照规定日期施工的义务和承包人对于施工方式及所用设备的安全、准确的责任。

第三条　工程师的指示

承包人的施工应使工程部工程师满意，监理工程师有权随时发布他认为合适的追加方案和设计图纸、指令、指示、说明，以上统称之为“工程师的指示”。工程师的指示包括以下各项，但不局限于此。

1. 对于设计、工程种类和数量的变更；

2. 决断施工方案、设计图与规范不符的任何地方；

3. 决定清除承包人运进工地的材料，换上工程师所同意的材料；

4. 决定重做承包人已经施工，而工程师未曾同意的工程；

5. 推迟实施合同中规定的施工项目；

6. 解除工地上任何不受欢迎的人；

7. 修复缺陷工程；

8. 检查所有隐蔽工程；

9. 要求检验工程或材料。

承包人应及时、认真地遵从并执行工程师发出的指示，同时还应详细地向工程师汇报所有与工程和工程所必要的原料有关的问题。

如果工程师向承包人发出了口头指示或说明，随即又做了某种更改，工程师应加以书面肯定。如果没有这样做，承包人应在指示或说明发出后 7 天内，书面要求工程师对其加以肯定。如果工程师在另外的 7 天内没有向承包人作出书面肯定，工程师的口头指示或说明则视为书面指令或说明。

第四条　设计图纸、规范和估计工程量表

方案设计图纸、规范和估计工程量表由工程师掌握，以便能够在适合于合同双方的任何时间对其加以查阅。

工程部在签订合同后无偿提供给承包人一份方案设计图纸、规范和估计工程量表，为全部实施工程师的指示，还可提供承包人所需要的其他方案设计图纸，以及工程师认为在执行任何一部分工程时所必要的其他说明，承包人应将上述方案设计图纸、规范和估计工程量表存放在工地，以便在任何适当的时候转交工程师或其代表。在接受最后一笔工程款时，承包人应立即将带有工程部名称的方案设计图纸、规范说明全部交回。承包人不得将任何这类文件，用于此合同以外的任何目的，同样只能限于本合同的目的之内，不得泄漏或使用该报价单的任何内容。

第五条　工程、规划和标高

承包人在开始执行合同的某一部分之前，应审定方案设计图纸是否准确，相互之间与报价单及其他规定是否符合。方案设计图纸中可能出现的任何差异、矛盾、缺点、错误，承包人应要求工程师修改，承包人应依据工程师对此做出的书面指示去做。

在任何一部分工程开工之前，承包人应认真做出规划。工程师对计划进行审核，所有制定计划、审核设计、核实材料的工作只能有承包人负责。工程师对计划的确认或参与承包人共同制订计划，不排除承包人对计划的绝对责任。工程师给予承包人一个已知标高，承包人应调查这一标高，审核估计工程师可能出现的错误。对于与工程师所给予的标高有关的一系列标高，承包商应予以负责。同样承包人也被责成根据所要求的设计图纸中标明的标高实施全部工程。为实现这一目的，它应该根据所给予的标高点和带有固定标志的标高处，对高度进行实地测量。

对于设计方案中的任何差异、矛盾、缺点或错误，如果承包人没有向工程部申报，而后又由于上述原因在施工中发生了不能接受的或不能弥补的错误，承包人应承担由于修改错误、拆除局部或返工责任。承包人应自费消除错误所造成的后果。

第六条　材料、物资和产品

所有的材料、物资和产品应与合同要求相符。准备用于工程的材料和物品，承包人在买进之前应向工程师提供样品，以便确认。在工程师不同意确认的情况下，承包人应向工程师提供符合规格的、工程师同意的其他样品。而特殊的机械则应完全符合承包人确认的、工程部同意的加工条件、种类、产地和牌号。

对于工程师所要求的，对任何一种材料的鉴别和分析，承包人应自费进行，以肯定此原材料是否符合规格。如果需要承包人重新进行鉴别和分析，费用由承包人负担。工程部有权要求第三次鉴别。如果第三次鉴别和分析的结果与前一次的结果一样，鉴别费用由工程部负担，如果第三次鉴别和分析与前两次不一样，则费用由承包人负担。必要时工程部可以接受使用其他材料代替合同上已写明的材料，但是代替的材料在质量上须同原材料相似并符合一般规范和特殊规范，还应当得到工程师的确认。承包人无权在此种情况下要求增加任何价格，而工程师则有权根据其估计扣除由此而降低的价格，承包人无权提出异议。

第七条　工程进度报告

在任何时候，监理工程师或其代理人都可自由进入工地、仓库、车间或承包人及工程部确认的分包人存放和使用的与合同有关的设备场所，进行检查、验证、审查和测量，找出其差异。未经工程师同意，承包人不得填土遮盖任何工作面。在工程任何一部分完工掩盖或填土之前的适当时间内，承包人应通知工程师。

第八条　验证劳动工地

承包人应根据其了解的设计，亲自勘察地形，以确定土质是否适宜建筑，这一切所需费用应由其本人负责。承包人对包括其本人提出的所有设计图纸要负责。如果土质表明不适合于设计图纸所示之标高为基础，承包人应向工程部提出其设想。

第九条　工地上的临时设施、机器及材料

第十条　与工地其他承包人的合作及施工秩序

如果需要在同一个工地和其他承包人、政府职员或其他人同时施工，承包人应在工作中努力同这些人合作，不干涉他人的事情，且应为他们提供必要的方便并执行工程师在这方面发出的命令。还要把可能在承包人与其他人之间的每一点分歧通知工程师，工程师对此所做的决定对承包人来说是最终的，必须执行的。承包人无权因此要求任何补偿或延长合同工期。

第十一条　注意法律、条例及专门的指示

第十二条　工地警卫、照明与供水

第十三条　工作时间

第十四条　承包人的工程师、职员与工人

第十五条　承包人住址、办公室和管理办公室

第十六条　被拒绝的工程、材料和设备

……

如工程的全部或部分被掩盖，无法目视，或者工程不完全或者不符合合同条款，出现缺陷，工程部有权要求承包人采取措施，承包人应执行工程部的要求直至上述工程得以完善。费用由承包人负担。

如果承包人不按照本条文履行自己的义务，工程部有权雇佣其他人进行这项工作，费用由承包人负担。

不允许承包商因任何由于工程部对工程、材料或机具的拒绝而产生的改变而要求拖延工期。同样，工程部不承担承包人对任何被拒绝工程、材料或机具的价款或清除所做的开支。

第十七条　工伤事故

如果由于工地附近发生任何事故导致死、伤或对财产的危害,承包人应将事故的发生及其详细情节和见证通知工程部。类似此种事故还应向国家有关当局报告。

第十八条 通过路、桥、水路运送材料和设备

承包人应采取所有的措施和必要的准备,以免由于其运输工具的通过而对通往工地的公路、桥梁或水路造成危害。

如承包人有必须运往工地的大件物品,而通往工地的公路、桥梁或水路又可能不能承受,乃至造成危害或损害,这时,承包人应在运输之前,把决定运往工地的物品数量和质量的详细材料和建议通知工程部工程师。如果工程师在接到上述通知10天之内,没有向其表明关于这种保护和加固的观点,这时,承包人便执行这种建议,并应准备工程师可能提出的任何改动。如报价单和合同契约中没有任何关于保护和加固专门工程的条款,那么由此而发生的费用和开支由承包人承担,而且不能免除其由于违反国家交通规则而必须履行的义务。

在事故期间或其后的时间内,如工程部接到关于危害道路、桥梁或水路的任何赔偿要求,应通知承包人,承包人应满足这些要求,支付应付款项,且无权向工程部要求有关此类支付的补偿。

第十九条 化石及古物的所有权

如双方在工地上发现琥珀、金属币、古物、有经济价值的材料以及除此以外的诸如有重大地质意义的物品或古玩,所有权归工程部。一经发现,但尚未挖掘或尚未运输,承包人应积极报告工程部,进而用工程部的费用执行工程部发布的有关如何行动的命令。承包人要采取合适的措施禁止其工人或其他任何人占据此类物品或损坏之。

问题:就以上合同评审结果,各小组模拟一次合同谈判。

任务二　履约法律服务

一、任务描述

一家房地产开发企业现已与A企业签订金强大学城商业街项目施工合同。现你已接受承包方的委托，为其提供合同履行期间的法律服务，并提交该项目的承包合同后期法律意见书。

二、学习目标

通过本学习任务的学习，你应当能：

1. 按照正确的方法和途径，收集履约期间相关法律资料；
2. 依据资料分析结果，参与合同分析、合同控制和合同监控工作；
3. 按照工作时间限定，提出法律建议和完成承包合同后期法律意见书；
4. 通过完成该任务，提出后续工作建议，完成自我评价，并提出改进意见。

三、任务实施

引例1

2000年6月1日，军安公司制作了《涧河军安住宅小区工程招标文件》，主要载明：(1)工程内容：小区住宅楼14幢总建筑面积约8万m^2，单元式一梯二户住宅，砖混结构，地面以上7层，地下设贮藏室1层。(2)承包方式：包工包料。本工程拟按投标评定价一次性包死。(3)工程工期定于2000年7月25日开工，2001年5月30日交工，所有住宅楼全部达到优良标准。(4)合同价及付款方式：凡参加投标单位一律交纳质保金50万元，中标后按工程进度及质量情况，分期退给承包方。工程没有预付款，主体二层封顶后，退给质保金30万元，三层封顶后退回20万元，50万元退完。(5)工程招标标底和投标报价编制依据为招标文件和设计施工图。土建及安装工程按现行《河南省建筑工程预算定额》和《河南省安装工程单位估价表》执行三类短途工程取费标准，配套工程定额执行四类短途工程取费标准。双方在招标文书上签字，太兴公司签字盖章的日期为2000年6月1日，军安公司的签字盖章日期为2000年6月6日。2000年6月6日，双方又签订补充协议。后双方就工程款结算依据、进度款支付、工程质量、违约金的计算产生分歧。

引导问题：根据引例1，回答以下问题。

(1)合同履行期间，出现的常见问题有哪些？

____

____

____

____

____

____

____

____

(2)合同履行期间,承包方通常需要哪些法律服务?

引例 2

2001 年 10 月,A 公司以总承包的方式承接了 B 公司(国有)工程款额为 900 万元的污水处理工程,并且签订了污水处理建设工程合同。合同分别约定了工程内容及要求、工期、双方责任、验收、工程款总价与付款方式、违约及赔偿等。A 公司承接工程后进行了施工,在施工中增加了部分工程量,实际工期超出了原合同约定的工期。该工程已通过 B 公司及其监理单位、当地环保部门的验收。双方因工程款的支付、工程完工是否逾期等发生纠纷,A 公司为此起诉 B 公司要求支付 980 万元的工程款;B 公司起诉 A 公司承担逾期交付工程的违约金 160 万元。后两案合并审理。

引导问题 1:根据引例 2,回答以下问题。

(1)合同的生效要件有哪些?双方所签"污水处理建设工程合同"是否有效?

(2)若合同无效,工程款如何结算与支付?

引导问题 2:合同履行的原则有哪些?

引导问题3:合同履行抗辩权有几种？行使的条件、程序和限制有哪些？

引导问题4:合同保全制度涉及哪两项权利？如何行使？

引导问题5:解除合同须具备什么条件？如何行使？

引例3

某厂新建一车间,分别与市设计院和市建某公司签订设计合同和施工合同。工程竣工后厂房北侧墙壁发生裂缝。为此某厂向法院起诉市建某公司。经勘察,裂缝是由于地基不均匀沉降引起的。结论是结构设计图纸所依据的地质资料不准确,于是某厂又诉讼市设计院。经市设计院答辩,设计院是根据某厂提供的地质资料设计的,不应承担事故责任。经法院查证:某厂提供的地质资料不是新建车间的地质资料,事故前设计院也不知道该情况。

引导问题1:根据引例3,回答以下问题。

(1)违约责任的承担方式有哪些？本事故的责任方是谁？

(2)某厂所发生的诉讼费用应当由谁承担?

____

____

____

____

____

相关测试

1.单项选择题

(1)一方当事人以缔结合同为目的,向对方当事人提出合同条件,希望对方当事人接受的意思表示即为(　　)。

A.要约邀请　　B.要约　　C.承诺　　D.缔约

(2)下列选项中,属于要约的是(　　)。

A.招股说明书　　B.投标书

C.招标公告　　D.商品价目表

(3)下列书面文件中,(　　)是承诺。

A.招标公告　　B.投标书

C.中标通知书　　D.合同书

(4)下列不属于欺诈行为构成要件的是(　　)。

A.欺诈方有欺诈的故意　　B.欺诈方实施了欺诈行为

C.欺诈必须是非法的　　D.相对人因受到欺诈而做出错误的意思表示

(5)按照《中华人民共和国合同法》规定,合同履行中如果价款或报酬不明确,应按照(　　)履行。

A.订立合同时履行地的政府定价　　B.订立合同时履行地的市场价格

C.履行合同时履行地的政府定价　　D.履行合同时履行地的市场价格

(6)按照《中华人民共和国合同法》规定,合同履行地点不明确时,给付货币的,在(　　)所在地履行。

A.在支付货币一方　　B.接受货币一方

C.接受货币方或支付货币方　　D.非接受货币方及支付货币方的第三方

(7)执行政府定价或者政府指导价的,逾期交付标的物的,遇价格变化时,正确的处理方法是(　　)。

A.遇价格上涨时,按照新价格执行　　B.遇价格下跌时,按照平均价格执行

C.遇价格上涨时,按照原价格执行　　D.遇价格下跌时,按照原价格执行

(8)承包商与业主签订的施工合同中约定由承包商先修建工程,然后按照工程量结算工程款。如果承包商没有达到合同中约定的质量标准,则(　　)。

A.业主可以行使同时履行抗辩权

B.业主可以行使不安履行抗辩权

C.业主可以行使先履行抗辩权,但不能追究承包商的违约责任

D.业主可以行使先履行抗辩权,也可以同时追究承包商的违约责任

2. 多项选择题

(1)下列属于要约邀请的是(　　)。

A. 商业广告　　B. 投标书

C. 招标公告　　D. 拍卖公告

E. 商品价目表

(2)根据《中华人民共和国合同法》规定,下列免责条款无效的是(　　)。

A. 因不可抗力造成对方财产损失的　　B. 造成对方人身伤害的

C. 因违约造成对方财产损失的　　D. 故意造成对方财产损失的

E. 因重大过失造成对方财产损失的

(3)无效合同、可撤销合同的确认应由(　　)裁定。

A. 人民法院　　B. 当事人双方

C. 主管部门　　D. 仲裁机构

E. 检察机构

(4)下列合同中,(　　)合同是可撤销合同。

A. 因重大误解订立的　　B. 违反法律的强制性规定的

C. 一方以欺诈、胁迫手段订立的　　D. 订立合同时显失公平的

E. 以合法行为掩盖非法目的

(5)下列合同中,(　　)属于效力待定的合同。

A. 甲、乙恶意串通订立的损害第三人丙利益的合同

B. 某公司法定代表人超越权限与善意第三人订立的买卖合同

C. 代理人甲超越代理权限与第三人丙订立的买卖合同

D. 限制民事行为能力人甲与他人订立的纯获利的合同

E. 无处分权的人处分他人财产的合同

相关知识

判断以下对 FIDIC《土木工程施工合同条件》的文本格式及内容表述是否正确?如有错误,请进行改正。

(1)FIDIC《土木工程施工合同条件》适用于工业与民用建筑、水利水电、铁路、公路交通等各类工程施工承包活动。当前国际上通用 1987 年第 4 版的 1988 年修订重印本,指导合同条件的正确使用,FIDIC 编印该合同条件的应用指南。FIDIC 出版的所有合同文本结构,都是以通用条件、专用条件和其他标准化文件的格式编制。其内容包括通用条件和专用条件两部分。(　　)

(2)通用条件是指工程建设项目不论属于哪个行业,也不管处于何地,只要是土木工程类的施工均可适用。条款内容涉及:合同履行过程中业主和承包商各方的权利与义务,工程师(交钥匙合同中为业主代表)的权利和职责,各种可能预见到事件发生后的责任界限,合同正常履行过程中各方应遵循的工作程序,以及因意外事件而使合同被迫解除时各方应遵循的工作准则等。(　　)

(3)专用条件是相对于“通用而言”,要根据准备实施的项目的工程专业特点,以及工程所在地的政治、经济、法律、自然条件等地域特点,针对通用条件中条款的规定加以具体

化。它可以对通用条件中的规定进行相应补充完善、修订,但不能取代其中的某些内容,以及增补通用条件中没有规定的条款。（　　）

(4)专用条件中条款序号无须与通用条件中要说明条款的序号对应,通用条件和专用条件内相同序号的条款共同构成对某一问题的约定责任。如果通用条件内的某一条款内容完备、适用,专用条件内可不再重复列此条款。（　　）

(5)FIDIC《土木工程施工合同条件》涉及业主、承包商和工程师三方。业主与承包商之间签订施工合同;工程师(在我国称监理工程师)受业主委托,根据合同条件监督承包商在承包项目上的活动,对工程质量、进度和拨款实行控制。三方之间的关系如下:

①业主对重要事项作出决定,如决定中标单位,履约担保和保险,合同分包与转让,支付预付款,移交工地,终止合同等。（　　）

②施工过程中涉及合同调价、工程变更、延期、索赔等重要事项,由工程师决定和处理;工程师有权决定根据合同发生的额外付款。（　　）

③承包商必须接受和服从工程师的指示:如对工程师的决定或指示不满意,可以提出索赔、仲裁或诉讼。（　　）

④工程移交给业主接收之前,由业主负责保护和保管。（　　）

⑤如果业主违约,承包商可以降低施工速度或中止施工,或提出索赔。（　　）

应用案例

某海滨城市为发展旅游业,经批准兴建一座三星级大酒店。该项目甲方于某年10月10日分别与某建设工程公司(乙方)和某外资装饰工程公司(丙方)签订了主体建设工程施工合同和装饰工程施工合同。合同约定主体建设工程施工于当年11月10日正式开工。合同日历工期为2年5个月。因主体工程与装饰工程分别为两个独立的合同,由两个承包商承建,为保证工期,当事人约定:主体与装饰施工采取立体交叉作业,即主体完成三层,装饰工程承包商立即进入装饰作业。为保证装饰工程达到三星级水平,业主委托某监理公司实施装饰工程监理。在工程施工1年6个月时,甲方要求乙方将竣工日期提前2个月,双方协商修订承包方案后达成协议。该工程按变更后的合同工期竣工,经验收后投入使用。

在该工程投入使用2年6个月后,乙方因甲方少付工程款起诉至法院。诉称:甲方于该工程验收合格后签发了竣工验收报告,并已开张营业。在结算工程款时,甲方本应付工程总价款1 600万元人民币,但只付1 400万元人民币。特请求法庭判决被告支付剩余的200万元及拖期的利息。

在庭审中,被告答称:原告主体建设工程施工质量有问题,如大堂、电梯间门洞、大厅墙面、游泳池等主体施工质量不合格。因此,装修商进行返工,并提出索赔,经监理工程师签字报业主代表认可,共支付15.2万美元,折合人民币125万元。此项费用应由原告承担。另还有其他质量问题,并造成客房、机房设备和设施损失计人民币75万元。共计损失200万元人民币,应从总工程款中扣除,故支付乙方主体工程款总额为1 400万元人民币。

原告辩称:被告称工程主体不合格不属实,并向法庭呈交了业主及有关方面签字的合格竣工验收报告及业主致乙方的感谢信等证据。

被告又辩称:竣工验收报告及感谢信,是在原告法定代表人宴请我方时,提出为了企业晋级的情况下,我方代表才签的字。此外,被告代理人又向法庭呈交业主被装饰工程公司提出的索赔15.2万美元(经监理工程师和业主代表签字)的清单56件。

原告再辩称：被告代表发言纯属戏言，怎能以签署竣工验收报告为儿戏，请求法庭以文字为证，又指出：如果真的存在被告所说的情况，那么被告应当根据《建设工程质量管理条例》的规定，在装饰施工前通知我方修理。

原告最后请求法庭关注：从签发竣工验收报告到起诉前，乙方向甲方多次以书面方式提出结算要求。在长达两年多的时间里，甲方从未向乙方提出过工程存在质量问题。

引导问题 2：根据此应用案例，回答以下问题。

(1)原告、被告之间的合同应如何认定？

(2)如果在装修施工时，发现主体工程施工质量有问题，甲方应采取哪些正当措施？

(3)对于乙方因工程款纠纷的起诉和甲方因工程质量问题的起诉，法院是否应予以保护？

引导问题 3：合同分析和合同控制涉及哪些法律事务？

引例 4

某工程采用 FIDIC 合同 1988 年第四版和工程量清单计价模式，外墙采用灰砂砖，内墙采用轻质陶粒砖。图纸中没有明确要求砖墙与混凝土柱、梁、墙、板接触的地方挂批荡铁丝网，承包商也没有报价。工程施工过程中，业主要求承包商按规范要求在砖墙与混凝土柱、梁、墙、板接触的地方挂 300mm 宽的批荡铁丝网，承包商报来变更单价。

引导问题 1：根据引例 4，回答以下问题。

(1)引例 4 中引起合同变更的主要原因是什么？你认为该如何处理？

(2)合同变更的主要内容有哪些？你有哪些法律建议？

应用案例

某工程8层框架结构，建设单位与施工公司签订了施工合同。合同价为固定单价合同。本工程目前正在施工。工程施工时发生了两个事件：一是，本工程在验收时监理工程师发现因承包人原因会议室地面装修工程质量没有达到约定的质量标准；二是，发包人供应的其他材料在清点时发生了以下的问题：①材料设备单价与一览表不符；②材料设备的品种、规格、型号、质量等级与一览表不符；③发包人供应的材料规格、型号与一览表不符，承包人申请调剂串换；④到货地点与一览表不符；⑤供应数量少于一览表约定的数量；⑥供应数量多于一览表约定数量；⑦到货时间早于一览表约定时间，承包人提出索赔保管费用。

引导问题2：承包人应承担什么责任？拆除、返工的费用谁负担？

引导问题3：根据本项目具体要求，协助合同管理人员填写表3-6～表3-9，并完成法律建议书。

(1)填写合同结构分解表，见表3-6。

施工合同结构分解表 表3-6

一般规定					
合同中的组织					
承包商的义务					
业主方的义务					
风险的分担与转移					
工期、进度与移交					
质量、检查与缺陷					
价款、计量与支付					
违约责任					
索赔					
合同的解除					
争议的解决					

(2)填写施工合同分析表,见表3-7。

施工合同分析表 表3-7

分析方面	内容	分解工作任务
合同整体分析		
合同详细分析		
合同扩展问题分析		
结论		

(3)填写合同控制程序表,见表3-8。

合同控制工作程序表 表3-8

控制类别			
主动控制		被动控制	
(1)详细调查		(1)找出偏差	
(2)识别风险		(2)分析原因	
(3)制订计划		(3)制订措施	
(4)组织安排		(4)实施纠偏	
(5)备用方案		(5)实际成效	
(6)信息沟通		(6)收集情况	
评定成效			
比较成果			

(4)填写合同变更事件记录表,见表3-9。

合同变更事件表 表3-9

<table>
<tr><td colspan="3">合同事件变更表</td></tr>
<tr><td>子项目</td><td>事件编码</td><td>日期
变更次数</td></tr>
<tr><td colspan="3">变更事件名称和简要说明</td></tr>
<tr><td colspan="3">变更事件内容说明</td></tr>
<tr><td colspan="3">变更原因</td></tr>
<tr><td colspan="3">本事件的主要活动</td></tr>
<tr><td colspan="3">负责人(单位)</td></tr>
<tr><td>费用
计划
实际</td><td>其他参加者</td><td>工期
计划
实际</td></tr>
</table>

(5)承包法律意见书。

①承包合同条件：

②履约重点：

③履约注意事项：

④履约事件解决程序：

⑤履约风险预测：

⑥履约防范：

⑦后期工作建议：

四、任务评价

1. 小组评价

根据完成任务情况给出评分，见表 3-10。

任 务 评 价 表　　表 3-10

考 核 项 目	分数			学生自评	小组互评	教师评价	小计
	差	中	好				
是否具有团队合作精神	1	3	5				
是否积极参与活动	1	3	5				
工作过程安排是否合理规范	2	10	18				
陈述是否完整、清晰	1	3	5				
是否正确灵活运用已学知识	2	6	10				
是否遵守劳动纪律	1	3	5				
此次任务完成是否满足任务要求	2	4	6				
是否有救济措施	2	4	6				
总计	12	36	60				
教师签字：				年　月　日		得分	

2. 自我总结

(1)在完成此次任务过程中，存在的主要问题有哪些？

(2)产生问题的原因有哪些？

请提出相应的解决方法：

(3)你认为还需加强哪方面的指导(可以从实际工作过程及理论知识考虑)?

____

____

____

____

____

____

五、拓展训练

应用案例分析

某厂新建一车间,分别与市设计院和市建某公司签订设计合同和施工合同。工程竣工后厂房北侧墙壁发生裂缝,为此某厂向法院起诉市建某公司。经勘验裂缝是由于地基不均匀沉降引起,结论是结构设计图纸所依据的地质资料不准。于是,某厂又诉讼市设计院。市设计院答辩,设计院是根据某厂提供的地质资料设计的,不应承担事故责任。经法院查证:某厂提供的地质资料不是新建车间的地质资料,而是与该车间相邻的某厂的地质资料,事故前设计院也不知该情况。

问题:根据法律法规,本案中事故的责任者是谁?某厂所发生的诉讼费应由谁承担?并就合同分析、合同控制和合同变更工作提出法律建议。

任务三　索赔与合同纠纷处理

一、任务描述

一家房地产开发企业与A企业就金强大学城商业街项目,施工合同正在履行。现你已接受承包方的委托,为其处理合同纠纷和索赔法律事务,并提交该项目的索赔法律意见书。

二、学习目标

通过本学习任务的学习,你应当能:

1. 按照正确的方法和途径,收集相关法律资料;
2. 依据资料分析结果,按照法律规定,处理合同纠纷;
3. 按照工作时间限定,完成该项目索赔法律事务和索赔法律意见书;
4. 通过完成该任务,提出后续工作建议,完成自我评价,并提出改进意见。

三、任务实施

引例1

某厂房建设场地原为农田。按设计要求在厂房建造时,厂房地坪范围内的耕植土应清除,基础必须埋在老土层下2.00m处。为此,业主在“三通一平”阶段就委托土方施工公司清除了耕植土并用好土回填压实至一定设计标高,故在施工招标文件中指出,施工单位无须再考虑清除耕植土问题。然而,开工后,施工单位在开挖基坑(槽)时发现,相当一部分基础开挖深度虽已达到设计标高,但仍未见老土,且在基础和场地范围内仍有一部分深层的耕植土和池塘淤泥等必须清除。

引导问题1:根据引例1,回答以下问题。

(1)什么是施工索赔?它具有哪些基本特征?

(2)引起施工索赔的原因通常有哪些?

相关知识

1. 判断以下对索赔的表述是否正确。如有错误,请进行改正。

(1)索赔是要求给予补偿(赔偿)的一种权利、主张; ( )

(2)索赔的依据是法律法规、合同文件,工程建设惯例不能作为索赔依据; ( )

(3)索赔是因非自身原因导致的,要求索赔一方没有过错; ( )

(4)与合同相比较,已经发生了额外的经济损失或工期损害; ( )

(5)可以先索赔,后收集证据; ( )

(6)索赔是双方行为,双方必须达成协议。 ( )

2. 判断以下对索赔与违约责任关系的表述是否正确。如有错误,请进行改正。

(1)索赔事件的发生,不一定在合同文件中有约定;而工程合同的违约责任,一般是合同中所约定的。 ( )

(2)索赔事件和违约责任的发生,都是一定行为造成(包括作为和不作为),或不可抗力事件所引起的. ( )

(3)一定要有造成损失的后果才能提出索赔,因此索赔具有补偿性;而合同的违约不一定要造成损害后果,因为违约责任具有惩罚性。 ( )

(4)索赔的损失结果与被索赔人的行为之间,违反合同的行为与违约事实之间都应存在存在因果关系。 ( )

引导问题2:引例1中的以下问题应如何解决?

(1)在工程中遇到地基条件与原设计所依据的地质资料不符时,承包商应该怎么办?

(2)根据修改的设计图纸,基础开挖要加深加大。为此,承包商提出了变更工程价格和展延工期的要求。请问承包商的要求是否合理?为什么?

(3)对于工程施工中出现变更工程价款和工期的事件之后,甲、乙双方需要注意哪些时效性问题?

(4)对合同中未规定的承包商义务，合同实施过程又必须进行的工作，你认为应如何处理？

引例2

某土方工程在施工单位的施工过程中，发现地下有一现场勘察中未曾发现的供水管道。于是，施工单位就采取了将该管道改线的办法排除障碍，导致了工程量的增加，工期延长了4个月。据此，承包商提出4个月的工期索赔。

引导问题1：请问承包商提出4个月的工期索赔能否得到支持？索赔时应注意哪些问题？

相关知识

以下是我国《建设工程施工合同文本》中对索赔的程序和时间要求有明确而严格的规定，请判断是否正确。如有错误，请改正。

1. 甲方未能按合同约定履行自己的各项义务或发生错误，以及出现应由甲方承担责任的其他情况，造成工期延误；或甲方延期支付合同价款，或因甲方原因造成乙方的其他经济损失，乙方可按下列程序以书面形式向甲方索赔：

(1)造成工期延误或乙方经济损失的事件发生后48天内，乙方向工程师发出索赔意向通知； (　　)

(2)发出索赔意向通知后14天内，乙方向工程师提出补偿经济损失和(或)延长工期的索赔报告及有关资料； (　　)

(3)工程师在收到乙方送交的索赔报告和有关资料后，于14天内给予答复，或要求乙方进一步补充索赔理由和证据； (　　)

(4)工程师在收到乙方送交的索赔报告和有关资料后48天内未予答复或未对乙方做进一步要求，则视为该项索赔已被认可； (　　)

(5)当造成工期延误或乙方经济损失的该项事件持续进行时，乙方应当在该事件终了后28天内，向工程师送交索赔的有关资料和最终索赔报告。 (　　)

2. 乙方未能按合同约定履行自己的各项义务或发生错误给甲方造成损失，甲方也按以上各条款规定的时限和要求向乙方提出索赔。 (　　)

引导问题 2:施工索赔的工作过程分为几个步骤?分别涉及哪些工作?

引导问题 3:索赔的依据有哪些?

引导问题 4:在工程实践中,承包商提出工期索赔的依据有哪些?

应用案例 1

某承包商通过竞争性投标,中标承建一写字楼工程。合同中标价为 980 000 美元。并且依据 FIDIC《土木工程施工合同条件》签订合同。在工程施工过程中,由于地基出现问题,而被迫修改设计,造成多项变更,并且修改的变更图总是延误,多次发生已施工完毕的部分又发生变更,被业主指令拆除。因此,承包商提出索赔。

引导问题 5:应用案例 1 中,承包商提出索赔应该提供哪些证据?

应用案例 2

某工程项目施工采用了包工包全部材料的固定价格合同。工程招标文件参考资料中提供的用砂地点距工地 4km。但是开工后,检查该砂质量不符合要求,承包商只得从另一距工地

20km 的供砂地点采购。而在一个关键工作面上又发生了几种原因造成的临时停工:5 月 20 日至 5 月 26 日承包商的施工设备出现了从未出现过的故障;应于 5 月 24 日交给承包商的后续图纸直到 6 月 10 日才交给承包商;6 月 7 日至 6 月 12 日施工现场下了该季节罕见的特大暴雨,造成了 6 月 11 日至 6 月 14 日的该地区的供电全面中断。

引导问题 6:根据应用案例 2,回答以下问题。

(1)由于供砂距离的增大,必然引起费用的增加,承包商经过仔细认真计算后,在业主指令下达的第 3 天,向业主的监理工程师提交了将原用砂单价每吨提高 5 元人民币索赔要求。索赔能得到支持吗?为什么?

(2)由于几种情况的暂时停工,承包商在 6 月 15 日向业主的监理工程师提交延长工期 25 天,成本损失费人民币 2 万元/天(此费率已经监理工程师核准)和利润损失费人民币 2 千元/天的索赔要求,共计索赔款 57.2 万元。索赔能得到支持吗?

(3)若承包商对因业主原因造成窝工损失进行索赔时,要求设备窝工损失按台班计算,人工的窝工损失按工日计价是否合理?如不合理应怎样计算?

(4)你认为应该在业主给承包商工程进度款的支付中扣除竣工延期违约损失赔偿金吗?为什么?

引导问题 7:索赔按索赔内容可分为哪两种索赔?工程索赔费用由哪些部分组成?

特别提示

一般在施工索赔中以下几项费用是不允许索赔的:

(1)承包商对索赔事项的发生原因负有全部责任的有关费用;

(2)承包商对索赔事项未采取减轻措施因而扩大的费用;

(3)承包商进行索赔工作的准备费用;

(4)索赔款在索赔处理期间的利息;

(5)工程有关的保险费用。

引导问题 8:索赔通知书由哪些内容组成?索赔报告应如何撰写?

引例 3

2004 年 3 月 12 日,申请人某建筑工程有限公司与被申请人惠州市某学校签订了一份《建筑工程施工合同》,合同约定由申请人承建被申请人的一座大楼。该合同约定,"工程竣工验收合格后 1 个月内,乙方(即申请人)必须向甲方(即被申请人)提供二套完整的原件结算资料交付给甲方进行结算审核"和"发包方收到承包方递交的竣工结算报告及结算资料后 28 天内进行核实,给予确认或者提出修改意见"。合同还就工程承包的范围、工期、质量标准、质量验收、合同价款及支付、工程变更、竣工验收与结算、违约、争议的解决等内容做了规定。

合同签订后,申请人按约完成施工,工程也通过了被申请人的预验收并交付使用。2005 年 5 月 29 日,工程正式通过竣工验收。7 月 31 日,申请人向被申请人寄送了申请人编制的《大楼工程结算书》及《大楼变更设计及签证验收单》原件各 1 份。9 月 15 日,被申请人书面确认其已经收到申请人送达的 11 项结算资料。10 月 25 日,申请人再次补充提交了 7 项资料。

由于双方未能就工程结算问题的解决达成一致意见,申请人某建筑工程有限公司向惠州仲裁委员会提出仲裁申请,请求:1. 裁决被申请人支付申请人工程款人民币 3 034 893.91 元及其利息;2. 本案仲裁费用由被申请人承担。

引导问题:常见施工合同争议有哪些?引例3案例属于哪一类争议?争议焦点是什么?

引例4

某房地产开发公司A在某一旧式花园洋房的东南方新建高层,将工程发包给施工企业B。与此同时,该花园洋房的正东面业已有房地产开发公司C新建成一多层住宅。在C工程建设中,该花园洋房的墙壁出现开裂,地基不均匀下沉。B施工以后,墙壁开裂加剧,花园洋房明显倾斜。该洋房的业主以B、C为共同被告诉至法院,请求判令被告修复房屋并予赔偿,诉讼过程中又将A追加为被告。

引导问题1:引例4案例属于哪一类争议?可通过那些方式解决纠纷?该案应如何处理?

引导问题2:请选择本项目一索赔事件,协助索赔人员完成索赔报告书。

引导问题3:请结合本项目,就常见合同纠纷完成一份法律意见书。

(1)如何认定施工企业内部承包合同的性质与效力?

(2)如何区分劳务分包与转包、违法分包?

(3)被挂靠单位(出借名义的建筑施工企业)是否应对挂靠人在施工过程中的转包、购买施工材料等行为承担责任?

(4)发包人与无相应施工资质的承包人签订建设工程施工合同,承包人依合同取得的工程价款超过其实际施工成本的,超过部分是否应予收缴?承包人非法转包、违法分包、出借资质而依合同约定取得的“挂靠费”、“管理费”等是否应当收缴?

(5)设工程施工合同无效,但建设工程质量合格,发包人请求按照合同约定计算工程造价,而承包人请求按照工程定额标准计算工程造价的,如何处理?

(6)建设工程施工合同约定的价款明显低于工程定额标准,已经超出一定合理范围的,当事人能否以合同约定价款明显违反定额为由,主张价款之约定无效,或者以显失公平为由,主张撤销或变更合同?

(7)依据《合同法》第九十六条的规定,当事人一方行使约定或者法定解除权时,应当通知对方,合同自通知到达对方时解除,对方有异议的,可以请求人民法院或者仲裁机构确认解除合同的效力。建设工程施工合同的当事人未通知对方的,能否径行向人民法院提起解除合同之诉?

(8)因承包人的过错造成建设工程质量不符合约定,承包人拒绝修理、返工或者改建,发包人以工程质量不符合约定为由请求减少支付工程价款的,应否必须反诉?工程未经竣工验收交付使用的,发包人以工程质量不符合约定为由请求减少支付工程款,是否支持?

(9)当事人约定发包人收到竣工结算文件后一定期限内应予答复,但未明确约定不答复即视为认可竣工结算文件,发包人未在约定的期限内答复,承包人请求以其提交的竣工结算文件作为结算依据的,应否支持?承包人提交的竣工结算资料不完整,发包人未在约定期限内答复的,如何处理?如果当事人未约定答复期限,能否根据建设部《建筑工程施工发包与承包计价管理办法》第十六条第一款第二项和第二款的规定,认定双方约定的答复期限为28日?

(10)施工过程中，发包方工作人员确认的工程量以及价款等的签证能否作为工程价款的结算依据？

(11)建设工程施工过程中，因设计变更或者遇特殊地质情况等客观原因，当事人另行签订合同，变更了中标合同的内容，是否仍应以中标合同作为结算工程价款的依据？

(12)当事人对付款时间没有约定或者约定不明的，最高人民法院《关于审理建设工程施工合同纠纷案件适用法律问题的解释》第十八条规定的应付款时间是否可以作为承包人主张工程款的诉讼时效起算时间？

四、任务评价

1. 小组评价

根据完成任务情况给出评分，见表3-11。

任务评价表　　表3-11

考核项目	分数			学生自评	小组互评	教师评价	小计
	差	中	好				
是否具有团队合作精神	1	3	5				
是否积极参与活动	1	3	5				
工作过程安排是否合理规范	2	10	18				
陈述是否完整、清晰	1	3	5				
是否正确灵活运用已学知识	2	6	10				
是否遵守劳动纪律	1	3	5				
此次任务完成是否满足任务要求	2	4	6				
是否有救济措施	2	4	6				
总计	12	36	60				
教师签字：				年　月　日		得分	

2. 自我总结

(1)在完成此次任务过程中,存在的主要问题有哪些?

(2)产生问题的原因有哪些?

请提出相应的解决方法:

(3)你认为还需加强哪方面的指导(可以从实际工作过程及理论知识考虑)?

五、拓展训练

应用案例分析

C公司在某国承包一条公路项目,合同总额为981万美元,工期24个月。监理工程师来自英国的一家权威咨询公司。合同以FIDIC条款1977年第三版为基础。

合同实施期间,恰逢该国与邻国发生争端,邻国单方面关闭边境,停止向该国提供燃油。由于该国地处内陆,无法通过其他途径获得燃油,致使该工程停工9个多月。C公司根据合同管理条款,充分利用一切可能的手段,据理索赔。经过一年多的艰难交涉,最后索赔成功。索赔金额达429万美元,占原始合同额44%,索赔工期29个月。C公司采取的做法归纳起来有以下方面。

1. 充分利用合同条款确立索赔的理论依据

C公司援引合同条款:"在工程施工过程中,如果遇到一个有经验的承包商在报价和编制标书时无法合理预见到的外界和人为障碍,承包商可以根据FIDIC条款的第52(5)款向业主提出索赔,或者要求咨询工程师按第40(1)款发出暂时停工令,追加额外费用。"C公司致函业主指出:燃油危机系有经验的承包商所无法预见的人为障碍。因为合同缔结前,没有任何迹象表明两国之间潜伏争端进而导致关闭边境的因素。咨询公司和业主对此均无异议。

不仅如此,C 公司还援引合同的第 13(1)款:“承包商应严格按合同施工直至竣工,以达到咨询工程师的满意为标准,除非在法律上和实际上无法做到。”

根据这一条款及 FMC 合同条件,C 公司致函业主指出:燃油危机系发生于签约之后的重大风险事件,致使合同履行中途受阻。因为没有燃油,承包商无法施工。这一事件构成了“实际上做不到”的例外情况,因此要求业主按雇主风险处理。

2. 利用客观事实赋予的终止合同的权利促成巨额索赔

由于燃油危机致使合同实施成为不可能。这种情况下,承包商有权要求终止合同,并向业主索取损失赔偿。C 公司深知业主不愿以雇主风险为由终止合同,因而有意提出终止合同的要求。在业主不同意终止合同的情况下,C 公司再提出索赔要求,而且索要数目超出一般正常情况的标准。业主无奈,只好同意 C 公司的要求。这里 C 公司充分运用了知己知彼的原则,先让对方认识到事情的严重后果,而后再提出对方再也无法拒绝的要求,做到了有理、有利、有节,给对方留有选择的余地,避免出现不可收拾的僵局。

3. 利用风险扩大收益

工程承包本是一项风险事业,但风险在许多情况下是可以利用的,所谓投机风险就属于这种情况。C 公司对燃油危机风险经过认真分析,认定所面临的风险是可以为其所用。因此,C 公司致函甲方指出:业主国与邻国的紧张关系以及邻国封锁边境已构成敌对行为的事实,使合同实施的必备条件不复存在,阻碍了承包商的正常履约。这是谁也不可否认的客观事实,适用 FIDIC 条款第 12、52(5)、65(5)款所述情况。业主和咨询工程师都无法否认。这样,经济索赔就有了理论基础。

4. 积极创造索赔条件

不少承包商在碰到类似情况时常常消极等待对方解决困难,或者是发牢骚、提抗议,很少想到如何利用这些不利因素改变不利环境。C 公司所持的态度则不然,他们积极主动地为索赔创造条件。

燃油危机发生后,他们立即多次致函咨询工程师要求其下达停工令,以此作为经济索赔及下步工作的法律依据。C 公司致函指出:由于现场的客观形势导致无法施工,这种情况下,如果咨询公司不下达停工令,势必造成所有人员、设备和材料等耗在工地,而且不可预见费用还将继续发生,这样将不可避免地加大业主的损失,其后果只能是进一步加大业主的赔偿金额。为了项目本身和业主、承包商双方的利益,咨询公司应当及时下达停工令。C 公司的致函无懈可击,咨询工程师只好下达了停工令。这样,C 公司就为以后的索赔确立了合法的动因。

5. 删除难度大、效益低的部分工程

依据 FDIC 条款,严格计算停工时间进而要求删除难度大、效益低的部分工程。一旦停工期超过 90 天,C 公司立即致函咨询公司指出停工期已超过合同允许的正常停工期(90 天)。如果现场仍不具备复工条件,承包商有权要求支付赔偿。显然,在燃油危机未得到解决的情况下,复工是不可能的。因此,咨询公司没有理由要求承包商复工。按照 FDIC 条款第 69 条,当停工超过 118 天时,承包公司有权要求业主支付违约赔偿。C 公司在停工后第 119 天即致函业主要求按业主违约终止合同,业主当然不会同意。于是,C 公司即提出对原合同工程进行部分删除,要求删除那些难度大、效益低的工程部分,仅保留利润丰厚的工程部分。业主当然拒绝这一要求。

当业主在处境被动又拒绝承包商的合理要求时，承包商自然获得了提出进一步要求的机会。于是C公司指出：鉴于原合同工程停工期超过118天，原合同报价应视为无效。如果业主仍然要求承包商继续实施原合同工程，承包商便有权要求调整有关单价。而且这种要求合情合理，任何人也无由拒绝。

6. 迫使咨询公司确认事实

C公司及时运用FIDIC条款赋予承包商的合法权利，十分注重保护自己的利益。

FIDIC条款第51(2)款明文规定：若遇咨询工程师对所发生的事件不给予书面确认，承包商可以在7天之内致函咨询工程师书面确认之。如果工程师在14天之内对这一确认不做书面反驳，则承包商的书面确认即被认为是咨询工程师的指令。

燃油危机发生后，工程实际上业已停工，但咨询工程师拖而不发停工令。C公司遂主动致函咨询公司，指出工程因无燃油而实际已经全面停工。咨询公司鉴于停工已是客观事实，对C公司的致函未予反驳。14天后，承包商的致函自然被视为已得到咨询工程师的确认，索赔自然具备了基础。

7. 据理要求延长工期

根据合同的一般条款，咨询工程师确认延长工期，承包商即享有获得补偿延期管理费的合法权益。如果业主或咨询工程师无理拒绝延期，承包商有权为此索赔赶工费。

由于合同执行期间发生了各种可导致承包商要求延长工期的客观事件，如燃油危机、罢工、骚乱及业主征地延误等，C公司在发生每例上述事件的时刻都及时致函咨询工程师，指出所发生的事件对工程实施所产生的阻碍作用，并根据各种不同事件分别要求给予延长工期。不过.C公司在致函要求延长工期时并不马上要求给予经济赔偿，因而很快获得咨询公司的同意。C公司总共获准延长工期29个月。

延长工期索赔成功自然为款项索赔奠定了基础。

8. 坚持做好施工日志，及时提交索赔详细清单和依据

索赔能否成功不仅取决于动因是否合法，更离不开依据。C公司在履约期间，每天都坚持做好施工日志，并随时交咨询工程师认可和签字。这样，每日发生的事件均记录在案。不仅如此。C公司还每月都整理并提交索赔报告，所列事件均有据可依，避免了一次算总账给人造成刺激，也没有给人以借机敲诈的印象。咨询工程师和业主都觉得C公司所提索赔合乎情理。虽然很不情愿支付赔偿，但最终还是一一答应了。

9. 坚持要求业主支付拖期付款利息

根据双方签订的合同，业主向承包商的付款期限定为60天。C公司在收取进度款时总是强调交付期。每当业主付款误期，C公司立即致函指出该项付款延误的时日，列出根据合同规定应支付承包商的拖期付款的利息数目，并列入每次的索赔报告中。

由于合同中明文规定了业主的付款期限，而拖期付款又是不可否认的事实，虽然每次拖延的天数并不太多，但由于工期长、付款次数多，因此累计拖期利息便相当可观。对于这一事实，业主和工程师均不否认。

10. 利用对方弱点，充分发挥自己的优势

在合同洽谈阶段，C公司坚持采用较公正的国际通用的联合国国际贸易仲裁规则(UNCI—T)。当合同双方因为索赔款发生分歧时，C公司明确告知业主不接受监理工程师裁决的款额，提出付诸国际仲裁，同时请好国际名律师准备出庭。由于业主理亏，担心提交仲裁

败诉，提出希望与C公司友好协商解决争端。与此同时，C公司又借助外交手段，请求其使馆有关官员出面活动，从而使对方接受了其索赔款额，且保持了良好的合作关系，没有因索赔而伤了感情。

11. 对咨询公司柔中有刚

咨询公司在工程承包合同的履行期间举足轻重。虽然合同中业主对咨询公司的权力有种种限制，但咨询公司毕竟是受业主聘用，在多数情况下是维护业主利益的。C公司深知这一点，在同咨询工程师打交道过程中特别注意同其搞好关系。但是，在原则问题上，特别是维护自身的利益方面，他们毫不退让。C公司很清楚，FIDIC条款中明文规定咨询公司要行为公正。如果咨询公司因行为不公正，办事不公道而与承包商闹翻，传扬出去对咨询公司的信誉影响甚大。因此，C公司抓住其弱点，在原则问题上态度坚决，毫不迁就，但又不把关系搞僵。通过长时间的反复交涉，终于说服了咨询公司，进而使业主接受其全部索赔要求，取得了索赔的重大成功。

问题：请归纳C公司在索赔管理方面的成功经验。

学习情境四　建设工程监理法律实务

任务一　工程监理合同法律服务

一、任务描述

一家房地产开发企业已与A企业签订金强大学城商业街项目施工合同。现正与B监理公司签订监理合同。你现接受监理方委托，为其提供合同签订期间的法律服务，并提交该项目的监理合同前期法律意见书。

二、学习目标

通过本学习任务的学习，你应当能：

1. 按照正确的方法和途径，收集监理合同相关法律资料；
2. 依据资料分析结果，确定该次任务工作步骤；
3. 按照工作时间限定，完成监理合同审订、谈判和该次合同法律建议书；
4. 通过完成该任务，提出后续工作建议，完成自我评价，并提出改进意见。

三、任务实施

引例1

随着房地产市场的火爆，"楼脆脆"、"楼歪歪"等有关住房质量的重大事件相继曝光，住房质量问题引发国人高度关注。业内人士透露，施工人员往往"头天还在田里抡锄头，第二天就来工地抹灰"，工程质量也就可想而知了。有人形容监理似"稻草人"形同虚设，政府的监管更应位置前移。10月8日是国庆长假后的第一个工作日。购买北京市大兴区旧宫三角地明锐湾项目的部分业主，迎来的是所购住房拆除重建的消息。这是北京首次出现在建楼栋因质量问题被拆除重建。根据北京市建设部门调查，事故原因是由于北京华跃腾飞混凝土有限责任公司为工程提供了不符合质量要求的混凝土产品，造成由北京日月房地产开发有限公司建设的旧宫三角地保障房项目部分在建工程结构混凝土强度未达到设计要求。经检测和专家论证，北京市建设行政主管部门决定拆除B、C区6栋楼地上结构部分，另外两栋楼进行局部加固处理。就在一个多月前，陕西电视台连续两次报道西安市一些"钢筋"加工厂把建筑用的钢筋拉长拉细，造成质量严重不合格的事件。

现行的监督制度没有形成制约关系，难以真正发挥质量的保证作用。开发商、建造商和监理商，在某种程度上是利益共同体，三者没有相互制约的关系。国家相关部门目前对住宅质量验收采用的是竣工验收备案制和一定比例的现场抽验制。而开发商、施工方、监理方等责任主体在住宅质量验收中扮演的是"生产与卖家"角色，且施工方、监理方等都受雇于开发商，实际是"三位一体"，自己的商品自己来验，属于自我监管，三方责任主体如果自觉性、责任心强一些，住宅质量就会相对好一点，否则难免出现漏洞，质量堪忧。

引导问题 1:阅读引例 1,回答以下问题。

(1)什么是工程监理?该项制度如何在工程质量保障方面发挥作用?

(2)建设工程监理的原则有哪些?

特别提示

建设工程监理与政府的行政管理行为是不同的。建设行政主管部门对工程建设中的计划、规划、用地、环保、消防、安全、招标投标、工程质量验收和资质审查验证等整个过程和各个环节进行全面的监督管理,这种监督管理不是平等的,而是法律法规规定必须服从的。

引导问题 2:建设法规对建设工程强制监理的范围做了哪些规定?

相关法律法规链接

1.《关于开展建设监理试点工作的若干意见》(1988 年);

2.《关于进一步开展建设监理工作的通知》(1992 年);

3.《工程建设监理规定》(1995 年);

4.《关于印发(工程建设监理合同)示范文本的通知》(1995 年);

5.《中华人民共和国建筑法》(1997 年 11 月 1 日);

6.《建设工程质量管理条例》(2000 年 1 月 30 日);

7.《建设工程监理规范》(2000 年);

8.《工程监理企业资质管理规定》(2001 年);

9.《建设工程监理范围和规模标准规定》(2001 年)。

引导问题3:建设工程监理依据有哪些?

特别提示

《建设工程监理规范》(GB 50319—2000)的适用范围

《建设工程监理规范》(GB 50319—2000)在工程类别方面适用各类新建、扩建、改建建设工程;由于目前我国的监理工作在工程建设投资决策阶段、勘察设计招标与勘察设计阶段尚不够成熟,需要进一步探索完善,在施工招标投标方面国家已有比较系统完整的规定和办法,而在施工阶段(包括设备采购与制造和工程质量保修)的监理工作已经摸索总结出一套比较成熟的经验和做法,因而在工程建设阶段,本规范适用范围仅限于建设工程施工阶段的监理工作。

相关知识

判断以下对建设工程监理任务的表述是否正确。如有错误,请改正。

建设工程监理的任务概括起来说就是"四控制、两管理、一协调"共7项任务。

(1)"四控制"是工程建设监理的核心工作,就是进行项目目标控制,即质量控制、投资控制、工期控制和安全控制。对任何一项工程来说,这四项目标很难同时达到最佳状态。因此,监理的任务就是根据业主的要求,尽可能实现整体最优。协助建设单位进行工程项目可行性研究。 (　　)

(2)"两管理"是监理在项目内部的管理,主要是对建设工程施工合同和工程建设过程中有关信息的管理。 (　　)

(3)"一协调"是帮助协调好参与工程建设各方的工作关系,这也是业主顺利开展工作的前提条件。 (　　)

引导问题4:建设工程监理内容有哪些?

相关链接

工地例会是由项目监理机构主持的,在工程实施过程中针对工程质量、造价、进度和合同管理等事宜定期召开的,由有关单位参加的会议。

在施工过程中,总监理工程师应定期主持召开工地例会。会议纪要应由项目监理机构负责起草,并经与会各方代表会签。

专题工地会议是为解决施工过程中的专门问题而召开的会议,由总监理工程师或其授权的监理工程师主持。工程项目和主要参建单位均可向项目监理机构书面提出召开专题工地会议的动议。动议内容包括主要议题、与会单位、人员及召开时间。经总监理工程师与有关单位协商,取得一致意见后,由总监理工程师签发召开专题工地会议的书面通知,与会各方应认真做好会前准备。专题工地会议纪要的形成过程与工地例会相同。

特别提示

监理企业可以接受业主委托,承担以下技术服务:

(1)协助业主办理项目报建手续;

(2)协助业主办理项目申请供水、供电、供气、电信线路等协议或批文;

(3)协助业主制定商品房营销方案等。

在我国,监理企业只接受建设单位的委托,即只为建设单位服务,它不能接受承包单位的委托,为其提供管理服务。而在国际上,建设项目管理可以按服务对象的不同分为为建设单位服务的项目管理和为承包单位服务的项目管理。

引导问题5:实行监理的建设工程,委托方与监理方签订书面监理合同是国际上通用的做法。《中华人民共和国合同法》规定:建设工程实行监理的,发包人应当与监理人采用书面形式订立委托监理合同。它的主要内容包括哪些?有哪些特征?

引导问题6:应如何审订建筑施工监理合同?

引例 2

某业主计划将拟建的工程项目在实施阶段委托宏泰监理公司进行监理，业主在合同草案中提出以下内容：

（1）除因业主原因发生时间延误外，任何其他原因导致的时间延误，监理应付相当于施工单位罚款的 20% 给业主；如工期提前，监理单位可得到相当于施工单位工期提前奖励 20% 的奖金。

（2）工程图纸出现设计质量问题，监理单位应付给业主相当于设计单位设计费的 5% 的赔偿。

（3）施工期间每发生一起施工人员重伤事故，监理单位应受罚款 1.5 万元；发生一起死亡事故，监理单位应受罚款 3 万元。

（4）凡由于监理工程师发生差错、失误而造成重大的经济损失，监理单位应付给业主一定比例收取费费率的赔偿费，如不发生差错、失误，则监理单位可得到全部监理费。

监理单位认为以上条款有不妥之处，经过双方的商讨，对合同内容进行了调整与完善，最后确定了建设工程监理合同的主要条款，包括：监理的范围和内容，双方的权利和义务、监理费的计取与支付、违约责任和双方约定的其他事项等。

引导问题 1：根据引例 2 回答以下问题。

（1）在该监理合同草案拟订的几个条款中是否有不妥之处？为什么？

（2）该监理合同是否已包括了主要的条款内容？

引导问题 2：监理合同双方的权利和义务有哪些？应承担哪些法律责任？

应用案例

某建设工程项目开工后,业主代表、项目总监理工程师、承包商项目经理,在《监理合同》及《施工合同》的指导下,使各项工作进展得比较顺利。后来,发生了这样两件事。

第一,项目在基础施工过程中,由于班组违章作业,基础插筋位移,出现质量事故,监理方发现后通知承包商整改,直到合格为止。承包商已执行监理方的指令,造成的一切损失均由承包商承担。监理方将此事故的出现及处理情况向业主作了报告,而业主代表向监理方行文认为:“项目基础工程出现质量事故,作为监理公司也有一定的责任,现通知扣1%的监理费”。

第二,为了确保现场文明施工,业主代表行文要求承包商需将项目多余土方运到指定地点(合同规定),若发现承包商任意卸土,卸一车罚款1万元(合同无此规定)。承包商违背了这一指令任意卸土15车。当月业主代表在监理审定的监理月报中扣款15万元。承包商申述不同意扣款。

引导问题3:此应用案例中的事件应如何处理?

引导问题4:根据本项目具体情况,根据业主要求填写表4-1~表4-3,并提交法律意见书,完成前期法律服务。

(1)填写合同评审表,见表4-1。

合同评审表 表4-1

审　查	评　价	建　议
合同有效性		
合同文本		
合同类型		
合同漏洞		
合同陷阱		
合同歧义		
合同冲突		

(2)填写风险登记表,见表4-2。

风险登记表 表4-2

风险名称	风险描述	发生可能性	后果	预防措施建议	应急对策建议

(3)填写谈判方案表,见表4-3。

谈 判 方 案 表 表4-3

谈 判 内 容	谈 判 目 标	谈 判 策 略
监理工作范围和内容		
工程监理的附加和额外工作		
监理机构的组织形式及人员配备		
监理酬金的支付		
监理奖金的支付		
监理人的权利、义务		
委托人权利、义务		
当事人责任		
第三方责任		
付款条件和方式		
工作内容的变更和增减		
免责条款		
违约条款		
争端解决方式		

(4)法律意见书。

①合同前置条件:____

____

____

____

____

____

____

____

②工作流程:____

____

____

____

____

____

③注意事项：

④监理合同主要内容：

⑤监理风险预测：

⑥风险防范：

⑦后期工作建议：

四、任务评价

1. 小组评价

根据完成任务情况给出评分,见表4-4。

任务评价表　　表4-4

考核项目	分数			学生自评	小组互评	教师评价	小计
	差	中	好				
是否具有团队合作精神	1	3	5				
是否积极参与活动	1	3	5				
工作过程安排是否合理规范	2	10	18				
陈述是否完整、清晰	1	3	5				
是否正确灵活运用已学知识	2	6	10				
是否遵守劳动纪律	1	3	5				
此次任务完成是否满足任务要求	2	4	6				
是否有救济措施	2	4	6				
总计	12	36	60				
教师签字:				年　月　日		得分	

2. 自我总结

(1)在完成此次任务过程中,存在的主要问题有哪些?

(2)产生问题的原因有哪些?

请提出相应的解决方法:

(3)你认为还需加强哪方面的指导(可以从实际工作过程及理论知识考虑)?

五、拓展训练

应用案例分析

建设工程委托监理合同(现行)

GF—2002—0202　　编号 NMGCJI2006—09

建设工程委托监理合同

(正本)

委托人(全称):×××××××学院

监理人(全称):×××××工程建设监理有限责任公司

第一部分:建设工程委托监理合同

委托人××××学院与监理人×××工程建设监理有限责任公司经双方协商一致,签订本合同。

一、委托人委托监理的工程(以下简称“本工程”)概况如下:

工程名称:××××党校整体搬迁工程

工程地点:×××××××××××××

工程规模:总建筑面积为 87 120m^2。层数:综合楼 10 层,地下 1 层,建筑面积:29 783m^2。学员楼 7 层,局部地下,建筑面积:18 932m^2。食堂 2 层,局部地下,建筑面积:5 024m^2。函授教育中心,建筑面积:33 800m^2。

总投资:1.5 亿元

二、本合同中的有关词语含义与本合同第二部分《标准条件》中赋予它们的定义相同。

三、下列文件均为本合同的组成部分:

(1)监理投标书或中标通知书。

(2)本合同标准条件。

(3)本合同专用条件。

(4)在实施过程中双方共同签署的补充与修正文件。

四、监理人向委托人承诺,按照本合同的规定,承担本合同专用条件中议定范围内的监理业务。

五、委托人向监理人承诺按照本合同注明的期限、方式、币种,向监理人支付报酬。

本合同自 2006 年 9 月 15 日开始实施,至 2007 年 12 月 31 日完成。

本合同签订于:________年____月____日

第二部分:标准条件,主要写监理人及委托人的义务、权利和责任等(与本书的相关内容一致,故省略)。

第三部分:专用条件

第一条　(略)

第二条　本合同适用的法律及监理依据:

1. 适用法律、法规:现行的国家、省有关工程建设的法律、法规、规章。

2. 监理依据:经批准的工程项目建设文件,国家、行业及省有关工程建设方面的技术标准、规范、规程、规章及监理合同。

第三条　(略)

第四条　监理范围和监理工作内容如下。

监理范围:本工程施工阶段全过程、全方位的监理服务。

监理工作内容:对本工程的建设投资、工期、工程质量进行控制;对安全、合同、信息进行管理;协调有关单位间的工作关系。

第五条至第八条　(略)

第九条　外部条件包括:建设单位负责工程建设的所有外部条件的协调和手续的办理,并为监理工作提供外部条件,监理单位可负责部分外部条件的协调工作。

第十条　委托人应提供的工程资料及提供时间:开工前,提供工程地质资料及施工图纸各一套,合同签订后5日内提供。施工过程中,提供有关工程建设洽商、变更的文件。

第十一条　委托人应在48小时内对监理人书面提交并要求作出决定的事宜作出书面答复。

第十二条　委托人的常驻代表为________。

第十三条、第十四条　(略)

第十五条　委托人免费向监理机构提供如下设施:方便现场监理工作人员工作的办公用房及办公设施,待监理任务完成后,交于委托人。

监理人自备、委托人给予补偿的设施如下:

补偿金额=________(元)

第十六条　在监理期间,委托人免费向监理机构提供1名工作人员,由总监理工程师安排其工作,凡涉及服务时,此类职员只应从总监理工程师处接受指示,并免费提供1名服务人员。监理机构应与此类服务的提供者合作,但是,对此类人员及其行为不负责。

第十七条至第二十五条　(略)

第二十六条　监理人在责任期内如果失职,同意按以下办法承担责任,赔偿损失。累计赔偿额不超过监理报酬总数。

赔偿金=直接经济损失×报酬比率(扣除税金)

第二十七条至第三十八条　(略)

第三十九条　委托人同意按以下的计算方法、支付时间与金额,支付监理人的报酬:

(一)计算方法:工程结算总造价×投标费率中标价(________%)。

工程监理费暂估价:1.5亿元×________%=________(元)

(二)支付时间与金额:

(1)合同签订10日内,支付监理报酬30%,即________万元。

(2)主体完工10日内,支付监理报酬50%,即________万元。

(3)竣工验收合格10日内,支付监理报酬20%,即________万元。

(三)委托人同意按以下的计算方法、支付时间与金额,支付附加工作报酬:

(1)附加工作报酬=附加工作日数×合同报酬/监理服务日。

(2)支付时间与金额:附加工作按月支付。

(四)委托人同意按以下的计算方法、支付时间与金额,支付额外工作报酬:

(1)额外工作报酬=额外工作日数×合同报酬/监理服务日。

(2)支付时间与金额:额外工作完成时支付。

第四十条　(略)

第四十一条　双方同意用人民币支付报酬,按________汇率计付。

第四十二条至第四十四条　(略)

第四十五条　奖励办法：

奖励金额＝工程费用节省额×报酬比率

报酬比率按国家有关规定执行。

第四十六条至第四十八条　（略）

第四十九条　本合同在履行过程中发生争议时，由双方当事人协商解决，协商不成的，双方同意依法向人民法院起诉。

附加协议条款1

1.若非监理人的责任导致工期延长，建设单位应支付监理人的附加工作报酬：

报酬＝附加工作日数×合同报酬/监理服务日

2.若非监理人的责任导致工程费用增加，建设单位应按费用增加额部分支付监理人的附加工作报酬：

报酬＝费用增加额×合同报酬/计划投资额

3.若本工程获"×××安全文明工地"奖，建设单位应奖励监理人监理总费用的________%。

4.若本工程获"×××杯优质工程"奖，建设单位应奖励监理人监理总费用的________%。

附加协议条款2

1.双方协商甲方为监理人提供办公用房两间，其他均由监理人自理，甲方不予补偿。

2.监理人必须严格按照招标文件中内容开展本工程的监理工作，做好"三控、三管、一协调"。

3.监理人必须按照工程总投资额和总工期进度目标的要求详细审核总投资及进度计划，随工程进展分阶段、分部位审核投资及进度计划，严格加以控制实施。并将审查完的上述计划在实施前一周报委托人。

4.监理人对影响投资及工期变化的因素，进行提前分析，随时调整控制投资及工期进度计划，确保总投资及进度目标的实现。

5.监理人必须严格按照投标文件中的监理组织机构，配备专业监理工程师，并常驻施工现场。

6.监理费用结算：按实际建安工程结算价×投标费率据实结算，其余费用不计入结算价。

7.监理工作范围：监理人对本工程实施全过程监理服务，包括：

(1)建筑结构：地下基础，地上主体。

(2)建筑安装：包括内外消防、给排水、供电、电气、防雷、暖通、煤气、弱电、通信、动力等。

(3)建筑物周边临时设施、硬化、绿化、围墙、大门、外管网等。

(4)建筑装饰工程。

问题：1.请对该监理合同进行评审，填写第十五条、第三十九条、第四十一条及附加协议条款1第3、第4条空白内容，并写出填报理由。

2.汇总该次评审结果，提交评审法律意见书。

任务二　监理合同纠纷处理

一、任务描述

一家房地产开发企业已与B监理公司签订监理合同。你现接受监理方委托，为其提供合同履行期间的法律服务，并提交该项目的监理合同后期法律意见书。

二、学习目标

通过本任务的学习，你应当能：

1. 按照正确的方法和途径，收集工程监理相关法律资料；
2. 依据资料分析结果，确定该次任务工作步骤；
3. 按照工作时间限定，履行监理职责，处理相关纠纷和完成该项目后期法律建议书；
4. 通过完成该任务，提出后续工作建议，完成自我评价，并提出改进意见。

三、任务实施

引例1

某监理公司通过竞标承担了某炼钢厂施工阶段的监理工作，并签订了委托监理合同。由于炼钢厂的分部分项工程及单位工程较多，每个分部分项或单位工程的开始时间不同，所以，验槽工作也就贯穿了建厂的全过程。有关验槽的程序，监理工程师已在监理例会上做了说明。

(1)施工单位将基槽土方开挖清理后，按基础施工图样撒上灰线，钉好标高桩，经自检合格以后报监理工程师验收。

(2)监理工程师检查施工单位提供的验槽资料及强夯报告(因厂地处于山地，最深部位的回填土深达13m)或压实系数报告。然后按照施工图样对地基基坑进行检查，复核基坑的标高、建筑物的轴线、尺寸是否满足施工图样的要求，地基土是否有虚土坑等。检查合格后予以签认。

(3)组织建设单位、勘察单位、设计单位(并要求工程所在地的质量监督检查站对整个验槽过程进行监督)、监理单位、施工单位对基槽进行验收，合格后各方在验槽记录上签认。施工单位方可进行下道工序的施工。

可是施工单位对监理工程师的要求置之不理，仍然是挖完槽(或基坑)后便通知建设单位、勘察单位、设计单位到场后再通知监理工程师参加验收，致使建筑物施工图样的轴线、标高不能满足要求，甚至有时基坑不能满足建筑物边线的需要，只得组织二次验槽或验槽人员在旁立等整改，使验槽工作受阻。

引导问题1：监理合同履行过程中监理工程师主要工作内容有哪些？

引导问题2:对引例1施工单位的不规范行为在屡教不改的情况下,监理工程师应如何处理?

____

____

____

____

____

____

相关知识

判断以下关于监理工作的表述是否正确。如有错误,请改正。

1. 监理人应完成的监理工作包括正常工作、附加工作和额外工作。 ( )

(1)工程监理的正常工作是指双方在专用条件中约定,委托人委托的监理工作范围和内容。 ( )

(2)工程监理的附加工作是指通过双方书面协议另外增加的工作内容;因监理工作受到阻碍或延误,增加工作量或持续时间而增加的工作。 ( )

(3)工程监理的额外工作是指暂停或终止监理业务后的善后工作及恢复监理业务的工作。 ( )

2. 监理人监理合同的履行应按建设工程监理规范中规定的建设工程监理工作基本程序进行。无论出现何种变化,监理工作都必须坚持"先审核后实施、先验收后施工(下道工序)"的基本原则。 ( )

(1)监理单位应于委托监理合同签订后15天内将项目监理机构的组织形式、人员构成及对总监理工程师的任命书面通知建设单位。当总监理工程师需要调整时,监理单位应通知建设单位。 ( )

(2)制订工程项目监理规划应包括工程项目概况;监理工作的范围、内容、目标和依据;监理机构的组织形式及人员配备;监理工作程序、方法、措施及制度;监理设施等内容。 ( )

(3)由业主编制工程项目监理实施细则,细则应符合监理规划的要求,并应结合具体工程项目的专业特点,做到详细具体,具有可操作性。 ( )

(4)在监理规划和实施细则的指导下开展监理工作。监理机构应公正、独立、自主地开展监理工作,维护建设单位的合法权益。 ( )

(5)提交工程建设监理档案资料,主要包括施工合同文件、勘察设计文件、隐蔽工程验收资料和质量评定资料。 ( )

引导问题3:简述建设工程监理各方关系。

____

____

____

____

____

____

引例 2

某监理公司通过竞标承担了钢厂白灰窑施工阶段的监理工作,并签订了委托监理合同。施工过程中,3 号地下通廊主体结构还未验收,而白灰窑主体大件进场,必须在 3 号通廊上通过,别无他路可行。由于参加主体验收的人员一时不能前来验收,项目经理要求先在通廊上填土修路,因为白灰窑主体安装正处在整个工程网络计划的关键线路上,不容许拖延。

引导问题:对这一事件监理工程师应如何处理?

相关测试

1. 单项选择题

(1)某工程监理酬金总额 45 万元,监理单位已经缴纳的税金为 3 万元,在合同履行过程中因监理单位的责任给业主造成经济损失 60 万元。依据委托监理合同示范文本,监理单位应承担的赔偿金额为(　　)万元。

A. 45　　B. 57　　C. 42　　D. 60

(2)在《建设工程委托监理合同(示范文本)》中,纲领性的法律文件是(　　)。

A. 建设工程委托监理合同　　B. 建设工程委托监理合同标准条件

C. 双方共同签署的修正文件　　D. 建设工程委托监理合同专用条件

(3)在委托监理的工程范围内,委托人与承包人的任何意见和要求,均须先向(　　)提出。

A. 业主代表　　B. 监理人

C. 总监理工程师　　D. 工程师

(4)监理工程师在履行合同义务时工作失误,给施工单位造成损失,施工单位应当要求(　　)单位赔偿损失。

A. 建设　　B. 监理

C. 监理工程师　　D. 建设和监理

(5)监理人在责任期内,如果因过失而造成经济损失要负(　　)。

A. 连带责任　　B. 全部责任

C. 监理违约的责任　　D. 监理失职的责任

2. 多项选择题

(1)按照委托监理合同示范文本的规定,委托人招标选择监理人签订合同后,对双方有约束力的合同文件包括(　　)。

A. 中标函　　B. 投标保函

C. 监理合同标准条件　　D. 监理委托函 E. 标准、规范

(2)监理人执行监理业务过程中可以行使的权利包括(　　)。

A. 工程设计的建议权　　B. 工程规模的认定权

C. 工程设计变更的决定权　　D. 承包人索赔要求的审核权

E. 施工协调的主持权

(3)依据委托监理合同示范文本规定,(　　)属于额外的监理工作。

A. 合同内约定由委托人承担的义务,经协商改由监理人承担的工作

B. 由于第三方原因使工作受到阻碍导致增加的工作

C. 由于非监理人责任导致监理合同终止的善后工作

D. 应委托人要求更改服务内容而增加的工作

E. 出现不应由监理人负责,致使暂停监理任务后的恢复工作

(4)在委托监理合同中,属于监理人的义务包括(　　)。

A. 按合同约定派驻人员

B. 使用委托人提供的设施完成工作后应归还

C. 将监理机构主要成员职能分工和权限书面通知第三方

D. 负责工程施工中有关各方的协调管理

E. 负责办理施工有关的行政批准手续

(5)监理单位对监理工作承担责任的原则是(　　)。

A. 在监理合同有效期内承担责任

B. 对有关第三方违反合同规定的质量要求造成的后果承担责任

C. 在责任期内,因过失行为造成经济损失要负监理失职责任

D. 监理任务因工程进度的推迟或延误而超过议定的责任期,在双方商定的延长责任期内,继续承担责任

E. 在监理过程中对有关第三方违反合同规定的交工期限承担责任

引例3

某国际大厦工程,地下3层,地上24层。建设单位准备在地下部分完成后举行典礼仪式。施工过程中,形象进度一直按照总进度计划顺利进行。但在地坪层楼板钢筋绑扎完成后发现,由于试验员的疏忽,忘记进行钢筋试验,监理工程师在验收时发现了这一问题后,马上要求施工单位试验员现场取样,送到有相应见证取样试验资质的试验室进行试验,可试验员回来说试验结果要在6天后才能出来。因为国际大厦地坪典礼日期已经确定并已发请柬通知知名人士列席参加,但试验报告又一时出不来。

引导问题:监理工程师应如何处理?

引例 4

四川省某高校于2004年5月与张某签订了建筑工程监理合同,委托张某对该校新图书馆的工程施工进行监理。合同约定了监理期限、监理人的权限、监理报酬等事项。张某2002年就已经通过建筑工程监理工程师资格考试,并取得了监理工程师执业证书。2004年11月,图书馆竣工,双方均按约履行了委托监理合同。图书馆建成后,该高校发现图书馆墙体出现裂缝,存在重大的质量问题。高校遂就该问题找到了四川省某建筑工程总承包公司,双方协商未果。该高校遂就该工程质量问题将四川省某建筑工程总承包公司告上了法院,同时也以张某履行工程委托监理合同不当为由提起了诉讼,要求张某承担违约责任,赔偿其损失。

被告张某辩称其按约履行了监理合同,墙体出现裂缝的工程质量问题与自己无关,不存在违约问题,请求法院驳回原告的诉讼请求。

引导问题:没有资质违规签订委托监理合同如何处理?

____

____

____

____

____

____

____

____

引例 5

1993年3月3日,上海某实业有限公司(以下简称实业公司)就商住公寓海友花园工程与上海市建筑科学研究院(以下简称建科院)签订了一份建设工程监理合同。约定:双方各派8名技术人员组成现场监理组,监理费300万元各半,工期从1993年2月1日至1996年2月1日。合同同时对监理的其他事项均作出了规定。后因建设部规定,建设单位不得自行监理,同年9月21日,上海某工程建设监理咨询公司(以下简称咨询公司)与建科院签订补充合同,该补充合同约定工程监理中原由实业公司所作监理部分改由咨询公司承担,监理费300万元由实业公司按原合同付款期限汇入建科院账户,再由建科院将150万元的监理费汇给咨询公司。实业公司退出原合同,咨询公司与建科院均按约履行了监理合同,并分别收到了实业公司支付的监理费150万元。

由于工程延期,1996年3月8日,实业公司与建科院之间又签订工程建设监理补充合同,约定监理费为120万元,工期从1996年2月1日至1997年2月1日,付款方式为补充合同生效后15日内支付20%,1996年9月1日支付35%,1997年2月1日支付35%,工程竣工后付清余款。如果工程不能完成,其监理工作再需延长,监理费另定。同年4月1日,咨询公司与建科院相应签订了一份合作监理补充合同,该合同除将监理费支付方式改为由实业公司直接支付给咨询公司和建科院各60万元,对合同期限、付款期限等均未变化。实业公司于1996年9月2日向咨询公司支付了监理费12万元,1997年1月27日又向咨询公司支付了监理费10万元。1996年9月,咨询公司实施的海友花园监理工程被上海市工程质量监督总站评为优良。但至1997年2月1日合同期届满后,咨询公司因未收到实业公司拖欠的监理费仍派员驻监理现场,同年4月海友花园工程监理工程师书面通知咨询公司退场，直至同年7月咨询公司才撤离。咨询公司多次向实业公司催讨剩余监理费38万元无果，遂诉至法院。

引导问题：签订书面的建设工程委托监理合同的监理行为是否有效？

引例6

某汽车大修厂与某建筑工程有限公司于2002年5月签订了建设工程施工同一份。该合同约定，汽车大修厂将其业园厂房承包给建筑工程有限公司施工。合同价款为165万元，承包方式为总承包，建筑工程有限公司包工包料，汽车大修厂负责水电供应，水电费由建筑工程有限公司负责，工期为2002年5月10日至同年9月10日。2002年5月汽车大修厂又与某监理公司签订了一份建设工程委托监理合同，合同约定汽车大修厂委托监理公司对业园厂房进行施工阶段的监理，该合同对监理的各个事项都有明确的规定。汽车大修厂作为委托人在监理合同中明确了监理人的权限范围，并以补充方式特别强调监理人无单独签署索赔文件的权利。

合同签订后，建筑工程有限公司进入现场施工，监理公司也派建筑工程师入驻施工现场进行监理。但汽车大修厂始终未明确将监理人的权限范围，以及监理人无单独签署索赔文件的权利告知建筑工程有限公司。施工过程中，发生了索赔事件，建筑工程有限公司遂要求监理人签署索赔文件，监理工程师应其要求签署了索赔文件。建筑工程有限公司遂拿着监理工程师签署的索赔文件要求汽车大修厂支付索赔款，汽车大修厂以该索赔未经过自己同意且监理人无权单独签署索赔文件为由拒绝支付，双方因此发生纠纷。建筑工程有限公司遂诉至法院，要求法院判决汽车大修厂支付索赔款项。

引导问题：承包人的损害赔偿问题如何处理？

引例 7

上海某房地产开发有限公司(以下简称房地产公司)与上海某建筑工程有限公司(以下简称建筑公司)签订了建设工程施工合同,约定由建筑公司对大家源新城(原名时利花园)进行施工。房地产公司委托上海某建设工程管理有限公司(以下简称工程管理公司)对大家源新城工程进行监理,双方于 1999 年 8 月签订了《工程建设监理合同》一份。该合同主要内容为:工程名称为时利花园,工程面积 11 万 m^2,工程投资约 1.3 亿元,监理范围为投资、进度、质量控制(对合同造价所涉及的桩基、结构、外墙以及水电安装工程进行质量控制,配合业主对工程进度、工程造价等方面进行控制),工程造价暂定为 1.3 亿元,收费率为 1.1%,工程监理费为 143 万元。监理合同的监理业务自 1999 年 6 月开始实施,至 2000 年年底工程竣工。

该合同签订后,双方当事人依约履行了各自的义务。工程完工以后,房地产公司发现建筑公司在修建过程中使用了许多质量低劣的建筑材料,使该工程墙体出现了裂缝等质量问题。同时,工程管理公司明知建筑公司这一行为并在掩盖这一事实的情况下签发了大家源新城工程的接受证书,致使房地产公司遭受了重大损失。于是,房地产公司提起了诉讼,诉请法院裁决工程管理公司承担违约责任,赔偿其损失。

引导问题:监理人与承包商串通,遭受欺诈的业主如何依法获得赔偿?

引例 8

2003 年 2 月 16 日,原告某工程建设监理公司(以下简称监理公司)与被告某肿瘤医院签订了《建设工程委托监理合同》。原告因此承担肿瘤医院职工集资住宅楼施工阶段的监理任务,合同约定,监理服务按施工合同工期计算,监理报酬按工程结算价的 1.1% 计付。另外,若因工程承、发包人的原因使监理工作受阻碍或延误,发生附加工作和延长了持续时间,监理公司将情况和可能发生的影响予以通知,肿瘤医院应支付附加工作报酬,以附加工作日乘以合同报酬除以监理服务日计算。原告已全面履行监理义务,工程已于 2005 年 6 月 6 日竣工验收,结算价 2 766 万元。按约定原告应收取的监理工作报酬为 2766 万元乘以 1.1% 即 304 260 元。工期从 2003 年 4 月 29 日到 2004 年 10 月 28 日,计 548 天,工期延误 228 天,产生附加工作,应按约定的方式计算附加工作报酬即 126 580 元。两项合计减去被告已支付的 175 000 元,尚欠 255 840 元。请求法院判令被告支付合同报酬 129 260 元、附加工作报酬 126 580 元,滞纳金(2005 年 10 月 20 日至 2005 年 12 月 27 日,标准为每日 0.21%)3 653.40 元。

被告肿瘤医院辩称,其对监理工程的报酬计算方式无异议,但是原告在监理工作中不恰当履行监理义务致使被告遭受大量损失,被告在此情况下以抵消权抵消,不存在再支付问题,附加工作报酬也不成立。

引导问题1:监理人附加工作报酬如何计算?

相关法律条款链接

《中华人民共和国合同法》(1999年10月1日起施行)

第七条　当事人订立、履行合同,应当遵守法律、行政法规,尊重社会公,不得扰乱社会经济秩序,损害社会公共利益。

第十条　当事人订立合同,有书面形式、口头形式和其他形式。

法律、行政法规规定采用书面形式的,应当采用书面形式。当事人约定采用书面形式的,应当采用书面形式。

第二十二条　承诺应当以通知的方式式作出,但是根据交易习惯或者要约表明可以通过行为作出承诺的除外。

第三十六条　法律、行政法规规定或者当事人约定采用书面形式订立合同,当事人未采用书面形式但一方已经履行主要义务,对方接受的,该合同成立。

第五十二条　有下列情形之一的,合同无效:

(一)一方以欺诈、胁迫的手段订立合同,损害国家利益;

(二)恶意串通,损害国家、集体或者第三方利益;

(三)以合法形式掩盖非法目的;

(四)损害社会公共利益;

(五)违反法律、行政法规的强制性规定。

第五十四条　下列合同,当事人一方有权请求人民法院或者仲裁机构变更或者撤销:

(一)因重大误解订立的;

(二)在订立合同时显失公平的。

(三)一方以欺诈、胁迫的手段或者乘人之危,使对方在违背真实意思的情况下订立的合同,受损害方有权请求人民法院或者仲裁机构变更或者撤销。当事人请求变更的,人民法院或者仲裁机构不能撤销。

第九十九条　当事人互负到期债务,该债务的标的物种类、品质相同的,任何一方可以将自己的债务与对方的债务抵消,但依照法律规定或者按照合同性质不得抵消的除外。当事人主张抵消的,应当通知对方。通知自到达对方时生效。抵消不得附条件或者附期限。

第一百条　当事人互负债务,标的物种类、品质不相同的,经双方协商一致,也可以抵消。

第一百零七条　当事人一方不履行合同义务或者履行合同义务不符合约定的,应当承担继续履行、采取补救措施或者赔偿损失等违约责任。

相关法律条款链接

第一百零九条　当事人一方未支付价款或者报酬的，对方可以要求其支付价款或者报酬。

第一百一十三条　当事人一方不履行合同义务或者履行合同义务不符合约定，给对方造成损失的，损失赔偿额应当相当于因违约所造成的损失，包括合同履行后可以获得的利益，但不得超过违反合同一方订立合同时预见到或者应当预见到的因违反合同可能造成的损失。

第一百二十五条　当事人对合同条款的理解有争议的，应当按照合同所使用的词句、合同的有关条款、合同的目的、交易习惯以及诚实信用原则，确定该条款的真实意思。

第二百七十六条　建设工程实行监理的，发包人应当与监理人采用书面形式订立委托监理合同。发包人与监理人的权利和义务以及法律责任，应当依照本法委托合同以及其他有关法律、行政法规的规定。

《中华人民共和国建筑法》(1998 年 3 月 1 日起施行)

第三十条　国家推行建筑工程监理制度。国务院可以规定实行强制监理的建筑工程的范围。

第三十一条　实行监理的建筑工程，由建设单位委托具有相应资质条件的工程监理单位监理。建设单位与其委托的工程监理单位当订立书面委托监理合同。

第三十四条　工程监理单位应当在其资质等级许可的监理范围内，承担工程监理业务。工程监理单位应当根据建设单位的委托，客观、公正地执行监理任务。工程监理单位与被监理工程的承包单位以及建筑材料、建筑构配件和设备供应单位不得有隶属关系或者其他利害关系。工程监理单位不得转让工程监理业务。

第三十五条　工程监理单位不按照委托监理合同的约定履行监理义务，对应当监督检查的项目不检查或者不按照规定检查，给建设单位造成损失的，应当承担相应的赔偿责任。工程监理单位与承包单位串通，为承包单位谋取非法利益，给建设单位造成损失的，应当与承包单位承担连带赔偿责任。

第三十三条　实施建筑工程监理前，建设单位应当将委托的工程监理单位、监理的内容及监理权限，书面通知被监理的建筑施工企业。

《最高人民法院关于民事诉讼证据的若干规定》(2002 年 4 月 1 日起施行)

第二条　当事人对自己提出的诉讼请求所依据的事实或者反驳对方诉讼请求所依据的事实有责任提供证据加以证明。没有证据或者证据不足以证明当事人的事实主张的，由负有举证责任的当事人承担不利后果的，应当与承包单位承担连带赔偿责任。

引导问题 2：请总结监理合同常见纠纷。

引导问题 3：根据本项目具体要求，填写监理合同事件表，并完成法律建议书。

(1)填写监理合同事件表，见表 4-5。

监理合同事件表 表 4-5

<table>
<tr><td colspan="3">监理合同事件表</td></tr>
<tr><td>子项目</td><td>事件编码</td><td>日期
发生次数</td></tr>
<tr><td colspan="3">事件名称和简要说明</td></tr>
<tr><td colspan="3">事件内容说明</td></tr>
<tr><td colspan="3">原因</td></tr>
<tr><td colspan="3">本事件的主要活动</td></tr>
<tr><td colspan="3">负责人(单位)</td></tr>
<tr><td>费用
计划
实际</td><td>其他参加者</td><td>工期
计划
实际</td></tr>
</table>

(2)监理合同履行法律意见书。

①监理合同条件：

②履约重点：

③履约注意事项：

④履约事件解决程序：

⑤履约风险预测：

⑥履约防范：

⑦后期工作建议：

四、任务评价

1. 小组评价

根据完成任务情况给出评分，见表4-6。

任务评价表 表4-6

考核项目	分数			学生自评	小组互评	教师评价	小计
	差	中	好				
是否具有团队合作精神	1	3	5				
是否积极参与活动	1	3	5				
工作过程安排是否合理规范	2	10	18				
陈述是否完整、清晰	1	3	5				
是否正确灵活运用已学知识	2	6	10				
是否遵守劳动纪律	1	3	5				
此次任务完成是否满足任务要求	2	4	6				
是否有救济措施	2	4	6				
总计	12	36	60				
教师签字：				年 月 日		得分	

2. 自我总结

(1) 在完成此次任务过程中，存在的主要问题有哪些？

(2) 产生问题的原因有哪些？

请提出相应的解决方法：

(3)你认为还需加强哪方面的指导(可以从实际工作过程及理论知识考虑)?

五、拓展训练

应用案例分析

某监理公司与业主签订的两幢大楼桩基监理合同已履行完毕。上部主体工程监理合同尚未最后正式签字。此时,业主与施工单位签订的地下室挖土合同在履行过程中,一幢楼挖土已近尾声。业主为了省钱,自己确定了一套挖土方案,施工单位明知该方案欠妥,会造成桩基破坏,但是没作任何反应(方案未经监理工程师审查),导致多数工程桩在挖土过程中桩顶偏移断裂。在大量的监测数据证明下,监理单位建议业主通知施工单位停止挖土施工,重新讨论挖土施工方案,业主接受了监理工程师的建议。改变挖土方案后,另一幢楼桩基未受任何破坏。但前一幢楼需补桩加固,花费160余万元,耽误工期近8个月。

问题:阅读应用案例分析,回答以下问题。

(1)此时监理单位应该怎样做?根据是什么?

(2)多花费的160余万元钱应该由谁来承担?

(3)业主方是否应给总承包方增加工期?

学习情境五　建设工程安全管理法律实务

任务一　安全管理前期法律服务

一、任务描述

一家房地产开发企业已与 A 企业签订金强大学城商业街项目施工合同。你现接受 A 企业委托，为其提供安全管理的前期法律服务，并提交该项目的安全管理前期法律意见书。

二、学习目标

通过本任务的学习，你应当能：

1. 按照正确的方法和途径，收集安全管理相关法律资料；

2. 依据资料分析结果，确定该次安全管理工作步骤；

3. 按照申报工作时间限定，完成该项目安全认证、安全许可申办和安全管理前期法律建议书；

4. 通过完成该任务，提出后续工作建议，完成自我评价，并提出改进意见。

三、任务实施

引例 1

2010 年 9 月 29 日下午 1 时 50 分许，河南淅铝集团大电解二期在建工程进行氧化铝储存塔封顶浇灌作业时，因支护出现问题，造成支架垮塌，致使 19 名建筑工人被掩埋。该事故造成 8 人死亡，11 人受伤。

2010 年 9 月 30 日晚 10 时许，武汉经济技术开发区军山街一工地发生一起惨烈事故：数吨重的钢材在被塔吊转运过程中突然坠落，两名女工当场被砸身亡，另两名女工因躲闪及时，侥幸逃生。目前，有关部门正对事故原因展开调查。

2010 年 9 月 27 日中午，在南宁市青山路广西水产畜牧学校，第 7 栋教职工宿舍楼约 500 平方米的脚手架轰然倒塌。在顶楼（七楼）脚手架上作业的 3 名工人坠落受伤，一行人被砸伤。该事故还造成 10 台空调机受损。

引导问题 1：阅读引例 1，回答以下问题。

（1）为什么建设工程安全事故频发？

(2)安全管理涉及哪些工作?

引导问题2:建设工程安全生产管理方针是什么?

相关知识

判断以下对建设工程安全生产监督管理体制的表述是否正确。如有错误,请改正。

(1)国务院负责安全生产监督管理的部门,对全国安全生产工作实施综合监督管理;县级以上地方各级人民政府负责安全生产监督管理的部门,对本行政区域内安全生产工作实施综合监督管理。 (　　)

(2)按照目前部门职能的划分,国务院负责安全生产监督管理的部门是国家质量监督管理局,地方上是各级安全生产监督管理部门。 (　　)

(3)建设工程安全生产监督管理体制,实行国务院建设行政主管部门对全国的建设工程安全生产实施统一的监督管理,国务院铁路、交通、水利等有关部门按照国务院规定的职责分工分别对专业建设工程安全生产实施监督管理的模式。 (　　)

(4)地方人民政府建设行政主管部门对本行政区域内的建设工程安全生产实施监督管理,地方人民政府交通、水利等各专业部门在各自的职责范围内对本行政区域内的专业建设工程安全生产实施监督管理。 (　　)

引例2

某建设工程公司效益不好,公司领导决定进行改革,减负增效。经研究后决定将公司安全部撤销,安全管理人员8人中,4人下岗,4人转岗,原安全部承担的工作转由工会中的两人负责。由于公司领导撤销安全部门,整个公司的安全工作仅仅由两名负责工会工作的人兼任,致使该公司上下对安全生产工作普遍不重视,安全生产管理混乱,经常发生人员伤亡事故。

引导问题1:根据引例2回答以下问题。

(1)该公司领导的做法是否合法?

(2)生产经营单位对安全生产的监督管理职责有哪些?

引导问题2:建设单位的安全责任包括哪些方面?

引导问题3:法律对施工单位应具备安全生产条件作了哪些规定?

相关链接

安全生产条件是指施工单位能够满足保障生产经营安全的需要,在正常情况下不会导致人员伤亡和财产损失所必需的各种系统、设施和设备以及与施工相适应的管理组织、制度和技术措施等。在对施工单位进行资质条件的审查时,除强调具备法律规定的注册资本、专业技术人员和技术装备外,还必须具备基本的安全生产条件。

引导问题4:根据安全管理法规规定填写表5-1、表5-2。

(1)填写施工单位安全责任表,见表5-1。

施工单位安全责任表

表5-1

序号	施工单位主要负责人的安全生产责任	施工单位项目负责人的安全生产责任	总承包单位与分包单位的安全责任
1			
2			
3			
4			
5			
6			

(2)填写施工单位安全保障措施表,见表5-2。

施工单位安全保障措施表

表5-2

序号	施工单位安全生产经济保障措施	施工现场安全保障措施
1		
2		
3		
4		
5		
6		
7		
8		

引导问题 5：如何编制安全技术措施及专项施工方案？

引导问题 6：如何进行安全施工技术交底？

引例 3

2003 年 2 月 13 日上午 7 时 10 分，在某工程二期施工现场，钢筋班工人准备将堆放在基坑边上的钢筋原料移至钢筋加工场，钢筋工刘某等 3 名工人在钢筋堆旁作转运工作。由于堆放的钢筋不稳，刘某站在钢筋堆上不慎滑倒，被随后滚落的一捆钢筋压伤。7 时 25 分刘某被送到医院，经抢救无效于 12 时 20 分死亡。

引导问题：根据引例 3 回答以下问题。

(1) 引发该次事故的原因是什么？

(2) 如何做好施工现场的安全防护？

引例 4

2002 年 9 月 11 日，因台风下雨，某工程人工挖孔桩施工停工，天晴雨停后，工人们返回工作岗位进行作业，约 15 时 30 分，又下一阵雨，大部分工人停止作业返回宿舍，25 号和 7 号桩孔因地质情况特殊需继续施工(25 号由江 × × 等两人负责)，此时，配电箱进线端电线因无穿管保护，被电箱进口处割破绝缘造成电箱外壳、PE 线、提升机械以及钢丝绳、吊桶带电，江 × ×

触及带电的吊桶遭电击,经抢救无效死亡。

引导问题1:根据引例4 回答以下问题。

(1)引发该次事故的原因是什么?

(2)安全管理法规对施工现场消防管理作出了哪些规定?

引导问题2:房屋拆除安全管理应满足哪些要求?

引导问题3:根据我国建设工程安全认证制度回答以下问题。

(1)建筑业企业的安全资格认证制度包括哪些主要内容?

(2)工程项目的安全认证,主要是指开工前对安全条件的审查,其主要内容应包括哪些方面?

(3)怎样对防护用品、安全设施、机械设备等进行安全认证?

(4)如何进行专职安全人员资格认证？

相关测试

(1)为了加强安全管理,政府要求施工单位要为从业人员缴纳工伤社会保险,关于该保险费缴纳的说法正确的是(　　)。

A. 施工单位与劳动者各缴纳一半

B. 施工单位全额缴纳

C. 劳动者全额缴纳

D. 施工单位与劳动者在合同中约定缴纳办法

(2)某污水处理工程准备开工,下面对施工措施审查的说法正确的是(　　)。

A. 建设行政主管部门无权审查施工措施

B. 应施工单位的申请,建设行政主管部门才能审查施工措施

C. 建设行政主管部门有权审查施工措施,但可以酌情收费

D. 建设行政主管部门有权审查施工措施,但不得收费

(3)某工厂有闲置用房,现准备对外出租给一钢结构施工企业,根据《安全生产法》规定,下列表述正确的是(　　)。

A. 工厂应核查该企业是否有资质证书　　B. 工厂不得要求查看企业的资质证书

C. 是否核查资质证书由工厂决定　　D. 不需核查该企业是否有资质证书

(4)学生张某暑假到某工地打工,项目负责人曾与工人王某口头商定,不管出现任何事故,公司最多赔付5 000元。后在施工中,由于王某疏忽致使扣件坠落,砸伤了张某,发生医疗费7000元。下述说法正确的是(　　)。

A. 公司最多赔偿5 000元

B. 张某应要求王某赔偿

C. 公司应赔偿医疗费7 000元

D. 公司应赔偿6 000元医疗费,另1 000元由张某赔偿

(5)张某在脚手架上施工时,发现部分扣件松动而可能倒塌,所以停止了作业,这属于从业人员在行使(　　)。

A. 知情权　　B. 拒绝权　　C. 紧急避险权

(6)下列行为中没有违反《安全生产法》的是(　　)。

A. 甲发现了安全事故隐患后没有向现场安全管理人员报告,后发生事故

B. 乙发现脚手架要倒塌,在没有采取其他措施的情况下迅速逃离现场

C. 项目经理强行要求有恐高症的丙高空作业

D. 丁没有按照本单位要求在施工现场戴安全帽

(7)某施工单位固定资产600万,从业人员1 000人。根据《安全生产法》规定,下述说法正确的是(　　)。

A. 应当建立应急救援组织

B. 可不建立应急救援组织,但应指定专职应急救援人员

C. 可不建立应急救援组织,但应指定兼职应急救援人员

D. 可不建立应急救援组织,但应当配备必要的应急救援器材设施

(8)下列行为中没有违反《安全生产法》的是(　　)。

A. 甲在发生安全事故后立即报告了本单位负责人,但是报告中的伤亡人数少于后来确定的人数

B. 安全事故发生地的地方人民政府在安全事故发生后,组织有关人员对安全事故调查,调查结果确定一个月后将事故情况上报

C. 安全事故发生地的地方人民政府在上报的报告中有意遗漏伤亡人数

D. 单位负责人在接到安全事故报告后没有迅速赶到事故现场

(9)其施工现场发生了安全生产事故,堆放石料的料堆坍塌,最终导致了三名工人死亡。工人张某在现场目睹了整个事故的全过程,于是立即向本单位负责人报告。由于张某看到埋了五名工人,他就推测这五名工人均已经死,于是立即向本单位负责人报告说五名工难。此数字与实际数字不符。

①对此你认为该工人是否违法(　　)。

A. 违法　　B. 如果其实际看到的不是五名工人,就违法

C. 不违法　　D. 不能确定

②如果张某看到这件事后没有立即向本单位负责人报告,则(　　)。

A. 不违法,是否去报告是公民的权利

B. 不违法,因为张骏江不是安全管理人员

C. 违法,因为可能导致救援迟缓,伤亡扩大

D. 不一定,是否违法取决于其是否同时向安全生产主管部门报告

③如果某工人预见到了料堆将要坍塌,赶紧逃离了现场,则(　　)。

A. 违法,因为只有在通知其他工人后才可逃离

B. 违约,因为没有按照合同履行劳动的义务

C. 不违法,这是在行使紧急避险权

D. 不违约,因为这是不可抗力

(10)为施工现场从事危险作业人员办理意外伤害保险是(　　)的责任。

A. 总承包单位　　B. 监理单位责任

C. 分包单位　　D. 建设单位

(11)某工业厂房进行改建,工业厂房附近有一个二层楼,一楼存放的是白磷、红磷、硫等化学物品,二楼暂时闲置。由于空间狭窄,施工单位与建设单位协商使用二层楼,下列说法正确的是(　　)。

A. 二楼可以作为员工宿舍　　B. 二楼可以作为现场临时仓储用房

C. 经安全部门同意可作员工宿舍　　D. 整栋楼不得作员工宿舍

E. 整栋楼不得作办公用房

(12)某建筑构件公司由于安全生产资金投入不足,造成两人在施工过程中受伤,(　　)应当对此承担责任。

A. 企业法定代表人　　B. 该公司财务总监

C. 该公司经理　　D. 该公司的安全管理人员

E. 该公司的工会小组负责人

(13)某施工单位项目部在城市街区进行深基坑开挖工程,依照《安全生产法》规定,以下表述正确的是(　　)。

A. 施工单位应当登记建档

B. 施工单位应当制定紧急预案

C. 施工单位作的应急措施应经安全监督部门批准

D. 施工单位作的应急措施应经安全监督部门论证

E. 施工单位作的应急措施应经安全监督部门备案

(14)张某系某施工单位工人,办理了工伤社会保险与人身意外伤害保险。在从事某工程外墙面装修时,不慎坠落,造成三级残废,下列表述正确的是(　　)。

A. 张某可要求享受工伤保险

B. 张某有权要求本单位赔偿

C. 张某享受工伤保险,但不得要求单位赔偿

D. 张某享受工伤保险,还可要求单位赔偿

E. 张某向保险公司主张人身意外伤害保险索赔时,就不得要求工伤社会保险

(15)安全生产监督管理部门的下述做法错误的有(　　)。

A. 要求施工单位购买其认可的安全防护用品

B. 向施工单位推荐安全设备产品目录

C. 在安全设备检验时,仅收取检验成本费

D. 在检查中发现事故隐患,责令立即排除

E. 检查中发现从业人员未戴安全帽,即要求停工整顿

引导问题4:根据我国建设工程安全生产许可制度,回答以下问题。

(1)安全生产许可证的管理机关是哪个?

(2)取得安全生产许可证的条件有哪些?

引导问题5:请为本项目施工单位完成安全认证和安全许可申办。

(1)确定本项目安全认证的主要内容和工作步骤。

(2)确定本次安全生产许可证申办流程。

(3)检查本次许可申办所需资料是否齐全,完成表5-3的填写。

安全许可资料清查表

表5-3

许可申办资料清单 (对照申办内容及格式要求)	完成时间	责任人	任务完成,划"√"
			□
			□
			□
			□
			□
			□
			□
			□

相关链接

建筑施工企业从事建筑施工活动前,应当依照规定向省级以上建设主管部门申请领取安全生产许可证。中央管理的建筑施工企业(集团公司、总公司)应当向国务院建设主管部门申请领取安全生产许可证;其他建筑施工企业,包括中央管理的建筑施工企业(集团公司、总公司)下属的建筑施工企业应当向企业注册所在地省、自治区、直辖市人民政府建设主管部门申请领取安全生产许可证。

引导问题6:根据本项目要求,提交一份安全管理前期法律意见书。

(1)涉及法律制度与强制要求:

(2)管理内容:

(3)管理重点:

(4)安全风险:

(5)法律防范:

四、任务评价

1. 小组评价

根据完成任务情况给出评分，见表5-4。

任务评价表　　表5-4

考核项目	分数			学生自评	小组互评	教师评价	小计
	差	中	好				
是否具有团队合作精神	1	3	5				
是否积极参与活动	1	3	5				
工作过程安排是否合理规范	2	10	18				
陈述是否完整、清晰	1	3	5				
是否正确灵活运用已学知识	2	6	10				
是否遵守劳动纪律	1	3	5				
此次任务完成是否满足任务要求	2	4	6				
是否有救济措施	2	4	6				
总计	12	36	60				
教师签字：				年　月　日		得分	

2. 自我总结

(1)在完成此次任务过程中，存在的主要问题有哪些？

____

(2)产生问题的原因有哪些？____________________

请提出相应的解决方法：____________________

(3)你认为还需加强哪方面的指导(可以从实际工作过程及理论知识考虑)？

____

五、拓展训练

应用案例分析

2004 年 5 月 12 日上午 9 时许，某市二期工程工地，一高达 75m 的拆卸烟囱物料提升架突然向南倾翻，正在料架上进行高空拆卸作业的 30 余名民工瞬间被从不同高度抛下，造成 21 人死亡，10 人受伤(其中 4 人伤势严重)。该案发生后，该市检察院成立了案件协调小组，与纪检、公安等有关部门密切配合，在案发第一线全力以赴审查办理该案。经查：2003 年 10 月，某建设公司中标承建了此二期工程。2004 年 4 月，该公司项目经理马某将中标的烟囱工程违规转包给不具备工程施工资质的承建人刘某。为了节省开支，减少投入费用，刘某等人自行购买材料：物料提升架，并让不具备高空作业资格的民工进行安装拆卸。5 月 12 日，刘某在明知物料提升架固定在烟囱上的两处缆绳被拆除的情况下，违反操作规程，组织民工冒险作业拆除物料提升架，导致惨剧发生。

问题：根据该案例回答以下问题。

(1)我国对工程重大事故的等级是如何规定的？本案属于几级事故？

(2)发生重大事故后的报告和调查程序是怎样的？

(3)谁是施工现场管理的责任人和责任单位？

(4)为避免事故的发生，应当如何加强建筑安全生产管理？

任务二　安全事故与法律纠纷处理

一、任务描述

一家房地产开发企业与A企业就金强大学城商业街项目签订的施工合同正在履行。你现接受A企业委托，为其提供安全管理的后期法律服务，并提交该项目的安全管理后期法律意见书。

二、学习目标

通过本学习任务的学习，你应当能：

1. 按照正确的方法和途径，收集安全管理相关法律资料；
2. 依据资料分析结果，确定该次任务工作步骤；
3. 按照工作时间限定，完成该次安全事故和相关法律纠纷处理，并提交后期法律建议书；
4. 通过完成该任务，提出后续工作建议，完成自我评价，并提出改进意见。

三、任务实施

引例1

某工程公司承建某道路改造工程，施工中发现路段中有一污水池埋在地下，需要对其进行抽水，但几天过后，水仍未抽完。该路段施工负责人张某便安排土石方班工人在池南侧墙角上开凿排水口，由于污水池是毛石混凝土结构，人工开凿有难度，安全员罗某安排炮工放了一炮，最后在污水池墙角开成一个高约1m，顶宽为30~40cm的倒三角形的排污口进行排污。但是排污口仍无法排完池里的污水，施工员又安排土石方班沿池侧墙开挖一条排污沟槽，并在排污沟槽内对池侧墙底部开洞排污。经过开挖，沟槽接近污水池底部。开挖过程中，污水池顶部的三根连梁已被凿掉两根。某日因下雨停工后，第二天土石方班继续开挖和清理污水槽底，当沿污水池纵墙垂直下挖的沟槽底部低于化粪池底板时，污水池纵墙从开口处开始坍塌，在该段沟槽内作业的5名工人中有3人被压在了毛石混凝土墙下，其中2人当场死亡，1人在送到医院后经抢救无效死亡。

引导问题：阅读引例1，回答以下问题。

（1）引起该安全事故的原因有哪些？

____

____

____

____

（2）由此可采取哪些预防措施？

____

____

____

____

____

引例 2

1996 年 8 月 11 日 17 时 40 分，北京西便门立交桥南侧国家经委二期工程工地，A 座主体结构南侧的可分段式整体提升脚手架从 44.3m 高处坠落，造成一起 8 人死亡，5 人重伤，6 人轻伤的特大因工伤亡事故（包括一名地面人员）。

事故发生的过程及原因并不复杂。该工程由北京建筑工程公司总承包，外装修工程采用可分段式整体提升脚手架施工。可分段式整体提升脚手架单项工程分包给某部队工程队负责施工。8 月 11 日，A 座的可分段式整个提升脚手架需从 13 层降至 12 层，下降高度为 3.5m，现场作业人员在即没有工长和安全员到现场检查确认，也没有清退架上施工人员的情况下，盲目进行降架作业。17 时 40 分，由于 14 层 17 号承重螺栓安装不合理，造成螺栓变形，17 号、18 号螺栓相继断裂；脚手架使用材料重量超过设计重量，加之架上操作人员的负荷，使得其承重螺栓长时间处于超载状态，进而造成南侧的十条承重螺栓全部被切断，南侧架体自 44.3 米高处坠落。

引导问题 1：阅读引例 2，回答以下问题。

（1）引起事故的主要原因有哪些？

（2）哪些主体应对事故承担法律责任？

引导问题 2：通过对引例 1、引例 2 的分析，回答以下问题。

（1）施工单位应具备的安全生产条件有哪些？

（2）常见安全事故有哪些？

（3）处理安全事故的基本程序是什么？法律有哪些强制要求？

引例 3

某建筑施工单位有从业人员 1 000 多人。该单位安全部门的负责人多次向主要负责人提出要建立应急救援组织。但单位负责人另有看法,认为建立这样一个组织,平时用不上,还需要花钱养着,划不来。真有了事情,可以向上级报告,请求他们给予支援就行了。由于单位主要负责人有这样的认识,该建筑施工单位就一直没有建立应急救援组织。后来,有关部门在进行监督和检查时,责令该单位立即建立应急救援组织。

引导问题 1:该单位是否存在违法之处?

____

____

____

____

引导问题 2:根据制订生产安全事故应急救援预案的规定,施工单位生产安全事故应制订应急救援预案。具体有哪些规定?

____

____

____

____

相关链接

《建设工程安全生产管理条例》第四十九条规定,施工单位应当根据建设工程施工的特点、范围,对施工现场易发生重大事故的部位、环节进行监控,制订施工现场生产安全事故应急救援预案。实行施工总承包的,由总承包单位统一组织编制建设工程生产安全事故应急救援预案,工程总承包单位和分包单位按照应急救援预案,各自建立应急救援组织或者配备应急救援人员,配备救援器材、设备,并定期组织演练。

相关知识

根据我国生产安全事故报告制度,判断下列表述哪些正确。如有错误,请改正。

(1)特别重大事故、重大事故逐级上报至国务院安全生产监督管理部门和负有安全生产监督管理职责的有关部门。 ( )

(2)较大事故逐级上报至市级人民政府安全生产监督管理部门和负有安全生产监督管理职责的有关部门。 ( )

(3)一般事故上报至县级人民政府安全生产监督管理部门和负有安全生产监督管理职责的有关部门。 ( )

(4)安全生产监督管理部门和负有安全生产监督管理职责的有关部门逐级上报事故情况,每级上报的时间不得超过 48 小时。 ( )

(5)报告事故应当包括:事故发生单位概况;事故发生的时间、地点以及事故现场情况;事故的简要经过;事故已经造成或者可能造成的伤亡人数(包括下落不明的人数)和初步估计的直接经济损失;已经采取的措施;其他应当报告的情况。 ( )

(6)事故报告后出现新情况的,应当及时补报。自事故发生之日起 60 日内,事故造成的伤亡人数发生变化的,应当及时补报。 ( )

应用案例

1992年4月底,某市胶鞋二厂准备拆除旧厂房,然后重新建筑厂房,以适应生产规模扩大的需要。该厂委会经研究决定,主要由本厂职工进行拆除工作,具体工作由该厂炼胶车间主任陈某负责。需要拆除的旧厂房,是一幢二间二层的厂房,长7m,高约6m,宽6.2m,坐西朝东。一楼隔墙西部有一扇3.08m宽的铁拉门,门洞宽3m,用两块330mm×120mm×250mm的预制水泥扛梁,嵌固在门洞两边的砖墙上。5月31日上午,陈某带领6名职工先将铁拉门拆下,又将5隔窗框和一条木楼梯拆除。然后,上二楼平顶拆除屋顶板。他们为了把五孔板分离开来,就用大铁锤敲打,还用凿子凿。这天上午,他们敲凿完东墙檐口和北墙靠东部分,下午上班后,继续进行。约12时25分,由于一楼铁拉门上方两块钢筋被拉断,另一块被压而弯曲,中间隔墙首先倒塌,二楼楼顶中间突然下塌,房子因此全部坍塌,正在拆房工作的7名职工全部被埋在坍塌的砖石中,造成6人死亡、1人重伤的恶性事故。

引导问题3:该事故发生后,应如何处理?

____

____

____

____

____

引例4

5月22日16时50分,全南县建筑工程总公司承建的全南县贸易广场商业中心商住楼D1栋工程施工工地发生一起高处坠落事故,造成1人死亡。事故发生后,市安委会组织市安监局会同全南县建设局、全南县安监局、全南县总工会、全南县公安局等有关部门组成调查组,对事故进行了调查,并提交了《全南县贸易广场商业中心商住楼D1栋"2004.5.22"高处坠落死亡事故调查分析报告》。经研究,现批复如下:

(一)事故调查工作符合《企业职工伤亡事故报告和处理规定》(国务院75号令)、《江西省企业职工伤亡事故调查处理办法》(赣府发[1999]44号)等有关法律法规的规定。

(二)原则同意《调查报告》对事故原因的分析和性质的认定,该起事故为生产责任事故。全南县贸易广场商业中心商住楼D1楼北面未搭设外脚手架、未设置任何安全防护措施,施工现场不具备安全生产条件,是导致事故发生的直接原因。全南县建筑工程总公司将工程项目非法分包,未组织对从业人员进行安全教育和培训,有关部门对发现存在的重大事故隐患查处不力,是导致事故发生的主要原因。这是一起生产性责任事故。

(三)对事故责任人员的处理意见

1.全南县建筑工程总公司经理、全南县贸易广场商业中心商住楼项目经理陈阶君,未全面履行安全生产管理责任,未保证本单位安全生产投入的有效实施,对施工现场存在的事故隐患未组织整改,对本起事故负有直接管理责任。建设行政主管部门不予通过其项目经理的年审,暂停其一年的项目经理资格。同时,依据《安全生产法》第八十二条第二款、《安全生产违法行为行政处罚办法》第三十六条第二款第(一)项的规定,依法给予陈阶君罚款2万元的行政处罚。

2.全南县贸易广场商业中心商住楼D1栋承包人郭忠伟,不具备相应资质和管理能力,非法承揽房建项目;安全生产所必需的资金投入不足,致使该商业中心商住楼D1栋施工现场不具备安全生产条件,对本起事故负有直接重要责任。依据《安全生产法》第八十条第二款、《安全生产违法行为行政处罚办法》第三十五条第二款第(一)项的规定,依法给予郭中伟罚款2

万元的行政处罚。

3. 全南县建设局安监站站长、施工现场质（安）监员谭爱忠，对该项目的安全工作监管不力，发现 D1 栋商住楼北面长期未搭设外脚手架，未依法采取果断措施予以纠正。致使该事故隐患长期存在，导致 D1 栋商住楼不具备安全生产条件。对本起事故负有监管责任，建议全南县监察局依照有关规定给予相应的行政处分。

4. 工程项目现场监理徐振强，发现问题仅仅向施工单位下发了整改通知，在施工单位未整改而继续施工的情况下，未依法要求施工单位暂时停止施工；未及时向建设行政主管部门报告。致使 D1 栋商住楼北面长期未搭设外脚手架，导致 D1 栋商住楼不具备安全生产条件，对本起事故负有直接监理责任。责令停止执业一年。

5. 全南县建筑工程总公司，将贸易广场商业中心商住楼 D1 栋的建设工程项目非法给不具备相应资质的个人承建，未组织对从业人员的培训教育。依据《安全生产法》第八十六条、《安全生产违法行为行政处罚办法》第四十三条第（二）项的规定，依法给予全南县建筑工程总公司罚款 3 万元的行政处罚。

6. 赣州市工程建设监理有限公司，作为该施工项目的监理单位，安排未取得国家注册监理工程师资格的林周华为项目总监，违反《建设工程质量管理条例》第三十七条的规定，对事故的发生负有一定的责任。建议建设行政主管部门依法处理。对上述责任人员和责任单位的处理，由各主管部门按照法定职责依法处理。其中，对相关责任人员和责任单位的行政处罚由市安监局依法作出。

（四）防范措施

1. 切实采取有效措施，认真吸取事故教训，要加强对建筑施工单位的监督管理，及时消除安全隐患。

2. 加强对施工现场的管理，加大安全生产投入，完善安全设施，严格落实各项安全生产责任制。

3. 强化对从业人员的安全生产培训教育，增强安全意识，提高操作技能，确保安全生产。

引导问题：阅读引例 4，简述《生产安全事故报告和调查处理条例》所规定的事故调查和处理办法。

____

____

____

____

____

____

____

引例 5

2002 年 4 月 6 日，在江苏某建设集团下属公司承接的某高层 5 号房工地上，项目部安排瓦工薛某、唐某拆除西单元楼内电梯井隔离防护。由于木工在支设 12 层电梯井时少预留西北角一个销轴洞，因而在设置十二层防护隔离时，西北角的搁置点采用一根 $\phi48$ 钢管从 11 层支撑至 12 层作为补救措施。由于薛某、唐某在作业时，均未按要求使用安全带操作，而且颠倒拆除程序，先拆除 11 层隔离（薛某将用于补救措施的钢管亦一起拆掉），后拆除 12 层隔离。上午 10 时 30 分，薛某在进入电梯井西北角拆除防护隔离板时，三个搁置点的钢管框架发生倾翻，人随防护隔离一起从12层(32米处)高空坠落至电梯:井底。事故发生后,工地负责人立即派人将薛某急送至医院,但因薛某伤势严重,经抢救无效,于当日12时30分死亡。

引导问题1:根据引例5回答以下问题。

(1)引发事故的原因是什么?

(2)对事故责任者应如何处理?

(3)有哪些整改措施?

相关链接

1.施工单位有下列行为之一的,责令限期改正;逾期未改正的,责令停业整顿,依照《中华人民共和国安全生产法》的有关规定处以罚款;造成重大安全事故,构成犯罪的,对直接责任人员,依照刑法有关规定追究刑事责任:

(1)未设立安全生产管理机构、配备专职安全生产管理人员或者分部分项工程施工时无专职安全生产管理人员现场监督的。

(2)施工单位的主要负责人、项目负责人、专职安全生产管理人员、作业人员或者特种作业人员,未经安全教育培训或者经考核不合格即从事相关工作的。

(3)未在施工现场的危险部位设置明显的安全警示标志,或者未按照国家有关规定在施工现场设置消防通道、消防水源、配备消防设施和灭火器材的。

2.作业人员违章作业的法律责任

作业人员不服管理、违反规章制度和操作规程冒险作业造成重大伤亡事故或者其他严重后果,构成犯罪的,依照刑法有关规定追究刑事责任。

3.降低安全生产条件的法律责任

施工单位取得资质证书后,降低安全生产条件的,责令限期改正;经整改仍未达到与其资质等级相适应的安全生产条件的,责令停业整顿,降低其资质等级直至吊销资质证书。

应用案例

2002年3月13日,在江苏某市政公司承接的苏州河滞留污水截流工程金钟路某号段工地上,施工单位正在做工程前期准备工作。为了交接地下管线情况、土质情况及实测原有排水管涵位置标高,下午15时30分开始地下管线探摸、样槽开挖作业。下午16时30分左右,当挖掘机将样槽挖至约2m深时,突然土体发生塌方,当时正在坑底进行挡土板作业的工人周某避让不及,身体头部以下被埋入土中,事故发生后,现场项目经理、施工人员立即组织人员进行抢救,并通知120救护中心、119消防部门赶赴现场抢救,虽经多方抢救但未能成功,下午17时20分左右,周某在某中心医院死亡。

引导问题2:根据此应用案例,回答以下问题。

(1)该事故发生后,应采取哪些应急措施?如何上报?

(2)如何追究事故责任?

(3)应提出哪些整改和预防措施?

引例6

某建筑工程公司(以下简称建筑公司)承包了一段省道建设工程任务,于1999年对该段道路进行修复与拓宽,在拓宽过程中需要进行爆破开山。施工工程进行到东乡村路段爆破施工时,爆破引起的飞石击中正在附近田地里耕作的李某,致使李某腰部受伤,花去医药费8 000余元。李某事后多次找建筑公司协商解决但被建筑公司负责人拒绝。其拒绝理由为,建筑公司负责人认为他们在爆破开始前已经由施工工人告知了施工现场附近的人员,认定已履行了告知义务,李某不按其告知内容躲避而被飞石击中,应由李某自己承担后果。于是,李某将建筑公司告上法庭,要求对方承担自己的医药费、误工费等。

引导问题:爆破施工时如何正确履行告知义务?

相关链接

建筑从业人员的权利:

(1)签订合法劳动合同权;

(2)知情权;

(3)建议、批评、检举、控告权;

(4)对违章指挥、强令冒险作业的拒绝权;

(5)停止作业及紧急撤离权;

(6)依法获得赔偿权

引例7

海口南方制罐有限公司在海口市仙桥一里筹建职工住宅楼,该工程由琼山市琼州建筑工程公司总承包,海口南方制罐有限公司与琼山市琼州建筑工程公司于2002年3月8日签订了《建筑工程承包合同书》。其后,琼山市琼州建筑工程公司又将桩基工程分包给海南省建筑设计院。海南省建筑设计院2002年5月6日、7日压桩施工,震坏了陈某的房屋,陈某于5月8日向被告单位工地经理报告,并强烈要求立即停止侵害自己的合法权益,并作出赔偿。被告海南省建筑设计院5月9日虽然派人上门查看,进行了登记,且已知道原告房屋所震裂的程度,但一直没再给原告答复,仍然继续违法施工,也没有向海口市城建局等有关部门报告。陈某5月24日不得不向海口市城建局报告,当日上午海口市城建局派出专家和领导查看现场,肯定了所看到的裂缝,多数裂缝是打桩造成的,有些旧裂缝也加宽了。海口市城建局王科长最后总结发言,希望业主和施工单位对发生的问题要认真对待,不处理好问题,不能恢复压桩施工。但被告对海口市城建局领导和专家的意见置之不理,仍然采取静压预制桩施工。6月19日6时40分,施工造成陈某房屋已产生的裂缝更宽,陈某蒙受更多损失。后陈某起诉至法院,要求被告对其损害房屋的行为进行赔偿。

引导问题:他人建筑施工损害自己房屋可以要求赔偿吗?

引例8

2002年2月,原告刘某到辛集市第二建筑有限公司(以下简称二建公司)职工住宅楼从事水暖安装工作,日工资27元。同年6月5日刘某在安装三楼暖气管道施工中,被楼旁的高压电击伤。经几个月抢救治疗，花去医疗费 12 万元。此后因无医疗费用不得不中止治疗，现已成为“植物人”。在治疗过程中，经梁某、李某之手分几次支付医疗费 41000 元后，就拒绝再支付医疗费用。二建公司职工住宅楼不符合施工的安全要求，该工程的建设单位和施工单位均为二建公司。梁某、李某代表本部门承包了该工程，江某系锅炉安装处的领班人，原告在施工中受伤，各被告应对原告承担赔偿责任。原告起诉要求各被告赔偿医疗费、误工费、住院伙食补助费、营养费、护理费、残疾人生活补助费、继续治疗费、被扶养人生活费、交通费、住宿费及精神损害赔偿费共计 484 883 元。

被告二建公司辩称，我方对原告受伤不负任何责任。原告不是我公司职工，不存在劳动关系，我公司与原告也不存在民事合同关系。我公司没有过错，要求我方承担责任于法无据。原告说职工住宅楼不符合要求没有事实根据。鉴于上述事实和理由，应依法驳回原告的起诉。

引导问题：未签劳动合同的工人在施工现场受伤如何获赔？

引例 9

2001 年 12 月 2 日 10 时许，黎某头戴驾驶摩托车的头盔未经高明市富湾建筑工程公司（以下简称富湾建筑公司）允许进入正在施工的高明区泰和路阳光新屯工地推销产品，被施工现场坠落的木板击中受伤，原告黎某被送到医院接受治疗。另查，富湾建筑公司承建的阳光新屯工地四周封闭，只有北面留有一门口出入，并安装有铁门，在门口的正上方及铁门的正面悬挂有“当心落物”等警示标志。

原审认为，原告未与被告有任何的业务往来，也不是被告工地的员工，其不是必须进入被告的工地的。而原告未经被告允许擅自进入被告正在施工的工地现场，其应该意识到潜在的危险。因此，原告无故进人被告的工地，过错在于原告，这也是这次损害事件的起因，原告对其自身受到的损害应承担相应的责任。被告的工地四周封闭，只留有一个出入口，且在出入口处悬挂有“当心落物”等警示标志，作为工地管理人的被告已尽了注意义务，其对原告受到的损害没有过错。因此原告的诉讼请求不成立，不予支持，判决驳回原告黎某的诉讼请求。

引导问题 1：施工单位充分履行了安全防范措施义务时，对他人在施工现场受伤可以免责吗？

引导问题 2：根据本项目情况，完成安全事故防范与处理法律意见书。

引导问题 3：根据本项目情况，完成安全管理法律纠纷防范与处理法律意见书。

（1）常见纠纷种类：

（2）安全风险：

（3）管理重点：

(4)防范措施：

(5)处理办法：

四、任务评价

1. 小组评价

根据完成任务情况给出评分，见表5-5。

任务评价表 表5-5

考核项目	分数			学生自评	小组互评	教师评价	小计
	差	中	好				
是否具有团队合作精神	1	3	5				
是否积极参与活动	1	3	5				
工作过程安排是否合理规范	2	10	18				
陈述是否完整、清晰	1	3	5				
是否正确灵活运用已学知识	2	6	10				
是否遵守劳动纪律	1	3	5				
此次任务完成是否满足任务要求	2	4	6				
是否有救济措施	2	4	6				
总计	12	36	60				
教师签字：				年 月 日		得分	

2. 自我总结

(1)在完成此次任务过程中，存在的主要问题有哪些？

(2)产生问题的原因有哪些?

请提出相应的解决方法:

(3)你认为还需加强哪方面的指导(可以从实际工作过程及理论知识考虑)?

五、拓展训练

应用案例分析

案例1

哈尔滨市某大厦外装饰工程为玻璃幕墙和挂石材幕墙,幕墙高度148m,由哈尔滨某集团分包给沈阳某铝门窗公司承包,铝窗公司承包后又雇用浙江省洞头县建筑队(个体)进行施工。

该装饰工程施工脚手架采用无锡市某建筑机械厂生产的ZLD80高处作业吊篮,并由该厂派人安装和培训操作人员。

2000年3月24日施工期间,当4名作业人员搬运4块花岗岩石板(每块重60kg)进入到吊篮内,准备从16层向下运送到8层与9层之间的作业位置,当吊篮下降到11层与12层之间时,吊篮右侧钢丝绳突然断开,吊篮随即倾斜,而4人进入吊篮时又没有及时将安全带扣挂牢,于是4人及物料全部坠落,其中1人坠落在5层的脚手架上(至重伤),另外3人,1人坠落在5层平台上,2人坠落到地面,事故共造成3人死亡,1人重伤。

问题:事故原因是什么?该事故应如何处理?该事故应作出哪些预防对策?

案例 2

某城乡建设工程总公司（以下简称工程公司）于 1999 年承包了某市交通指挥大厦工程的建设任务，由于该大厦靠近住宅区，建设单位和城乡建设工程总公司在施工开始之前对于施工地点附近的一部分居民给付了扰民费，进行了扰民安置工作。在施工开始以后，周围的其他未得到安置补偿的居民认为自己也应该得到补偿，遂向工程公司提出要求给予扰民补偿费用，工程公司没有给予答复，于是当地居民经常上工地闹事，工程公司为了防止居民继续进工地闹事，在进出大门安排了保安，禁止外人进入现场。某日当地居民撬开大门进入现场并与保安发生了争执，保安劝大家离场并解释扰民费的问题应该找工程公司解决，现在负责人不在现场，施工现场都是建筑工人。居民并不答应，一位妇女说今天不解决就不走并站在施工机械下面不让继续施工。施工工人见状去拉这名妇女，在推搡中引发冲突，进而升级为斗殴。而此时这名妇女由于过于激动，导致本来就有的心脏病发作，倒地不起，送进医院后经抢救无效死亡。

死者家属将工程公司告上法院，原告认为被告没有按照某市关于在施工现场外 50 米以内进行施工扰民给予扰民费的规定执行扰民安置工作，而死者的死亡是与施工方冲突并被殴打所致，要求被告赔偿扰民费和死者的抢救费、丧葬费、抚恤费、误工费等损失。

被告辩称，施工现场外 50 米以内要进行补偿的规定的前提必须是噪音分贝超过国家规定的标准，而自己施工的分贝并未超过国家标准，不需要对所有 50 米以内的居民进行补偿，当地政府颁布的规定与国家法律规定有冲突应该按国家法律办理。而死者因为采取了不正确的闹事行为引发双方冲突，并且是由于自身心脏病发作致死并非被施工人员殴打，所以不同意原告的所有赔偿要求。

问题：如何处理建设工程噪声污染扰民？

学习情境六　建设工程质量管理法律实务

任务一　质量管理前期法律服务

一、任务描述

一家房地产开发企业已与A企业签订金强大学城商业街项目施工合同。你现接受A企业委托,为其提供质量管理的前期法律服务,并提交该项目所需法律意见书。

二、学习目标

通过本学习任务的学习,你应当能:

1. 按照正确的方法和途径,收集质量管理相关法律资料;
2. 依据资料分析结果,明确发承包双方质量保障义务,参与编制项目质量计划;
3. 按照工作时间限定,提出质量保障体系和质量验收工作法律建议;
4. 通过完成该任务,提出后续工作建议,完成自我评价,并提出改进意见。

三、任务实施

引例1

如图6-1所示,河南信阳业主装修时发现楼房歪斜,用线锤吊测的土办法测试,发现顶楼到地面歪斜了将近30厘米。有人调侃其为"信阳版的楼歪歪"。信阳市住房和城乡建设局称,此歪楼是信阳10余年来最严重的建筑质量问题。但该起事故与主管部门无关,因为工程尚未在政府建设工程质量监督部门实施竣工备案。

图6-1　信阳楼歪歪

记者调查发现,这起信阳歪楼事件,"歪"出一些政府主管部门的责任缺失:未通过竣工验收备案就交房,楼房质量和面积测量由某些指定部门垄断,"独门生意"让政府公信力下降等。对于所谓10年来最严重的质量问题,信阳市住房和城乡建设局尚没有追究相关人员的责任。

引导问题1:阅读引例1,回答以下问题。

(1)引例1中的工程质量问题可能是哪些原因引起的?

(2)目前我国对工程质量监督体制存在哪些问题?

____

____

____

____

____

相关链接

质量管理法规立法现状

2000年1月30日国务院制定了与《中华人民共和国建筑法》相配套的《建设工程质量管理条例》,它对建筑市场主体的质量责任和义务作出了明确而具体的规定。国务院建设行政主管部门及相关部门也曾先后颁发了许多调整建设工程质量管理的建设行政部门规章及一般规范性文件。如:《建设工程质量监督条例(试行)》(1983年)、《建设工程质量建设工程质量检验工作规定》(1985年)、《关于确保工程质量的几项措施》(1986年)、《建设工程质最监督管理规定》(1990年)、《关于提高住宅工程质量的规定》(1992年)、《关于建筑企业加强质量管理工作的意见》(1995年)、《房屋建设工程质量保修办法》(2000年)、《建设工程勘察质量管理办法》(2002年)、《建设工程质量保证金管理办法(暂行)》(2005年)等。

引导问题2:建设工程质量的特性主要表现在哪几个方面?

____

____

____

____

____

引导问题3:《工程建设国家标准管理办法》第三条规定,国家标准分为强制性标准和推荐性标准。强制性标准有哪些?

____

____

____

____

____

引导问题4:在工程建设强制性标准实施方面,针对建筑市场主体的质量责任,下列表述是否正确?如有错误,请改正。

(1)建设单位不得明示或暗示设计单位或施工单位违反工程建设强制性标准,降低建设工程质量。 (　　)

(2)勘察单位、设计单位可按照工程建设强制性标准进行勘察、设计、并对勘察、设计的质量负责。 (　　)

(3)施工单位应参照工程设计图纸和施工技术标准施工,如修改工程设计必须得到建设单位同意,不得偷工减料。 (　　)

(4)工程监理单位应当依照法律、法规以及有关技术标准、设计文件和建设工程承包合

同，以自己的名义对施工质量实施监理，并对施工质量承担监理责任。（ ）

（5）严格执行工程建设强制性标准是工程建设主体的法定义务，是工程建设从业人员的法定责任，违法了强制性标准即为违法，要承担相应的民事和刑事责任。（ ）

引导问题5：根据工程建设强制性标准的监督管理制度，回答以下问题：

（1）监督检查机关是哪个？

（2）监督检查内容有哪些？

引导问题6：如何建立质量管理体系？如何保障其运行？

引例2

某质量监督站派出的监督人员到施工现场进行检查，发现工程进度相对于施工合同中约定的进度，已经严重滞后。于是，质量监督站的监督人员对施工单位和监理单位提出了批评，并拟对其进行行政处罚。

引导问题：根据该引例回答以下问题。

（1）你认为引例中质量监督站的决定正确吗？

（2）请简述我国建设工程质量监督制度。

相关链接

建设工程质量监督机构的主要职能

监督检查施工现场工程建设参与各方主体的质量行为。核查施工现场工程建设各方主体及有关人员的资质或资格；检查勘察、设计、施工、监理单位的质量保证体系和质量责任制落实情况；检查有关质量文件、技术资料是否齐全并符合规定。

监督检查建设工程实体的施工质量。主要是建设工程地基基础、主体结构和其他涉及结构安全和使用功能的施工质量。

监督工程竣工质量验收。监督建设单位组织的工程竣工验收的组织形式、验收程序以及在验收过程中提供的有关资料和形成的质量评定文件是否符合有关规定；实体质量是否存有严重缺陷，工程质量验收是否符合国家标准。

引例 3

某施工承包单位承接了某市重点工程，该工程为现浇框架结构，地下 2 层，地上 11 层。在该工程地下室顶板施工过程中，钢筋已经送检。施工单位为了在雨季到来之前完成基础施工，在钢筋送检没有得到检验结果时，未经监理工程师许可，擅自进行混凝土施工。待地下室顶板混凝土浇筑完毕后，钢筋检测结构出来后，发现此批钢筋有一个重要指标不符合规范要求，造成该地下室顶板工程返工。

引导问题 1：根据该引例回答以下问题。

(1)该事件应如何处理？

____

____

____

____

____

____

(2)请简述我国建筑材料使用许可制度。

____

____

____

____

____

____

____

应用案例

某工程设计为有防水要求的筏形基础，采用 C50、P12 混凝土，承包商施工方案确定使用泵送商品混凝土，并与混凝土供应商签订合同。商品混凝土随到随用，由于现场调配的问题，商品混凝土在现场等待时间过长，施工单位没有对商品混凝土及时进行和易性检验，混凝土坍落度太低，混凝土不能及时从管中泵出。结果在基础浇筑施工 3 小时后发生了堵管现象。由于已经浇筑完毕的混凝土初凝，导致了拟连续浇筑的基础不能形成一个整体，产生了人为施工缝，给工程造成了损失。

引导问题2:该应用案例中质量责任应该由谁承担?

引例4

某综合楼为现浇框架结构,地下1层,地上8层。主体结构施工到第6层时,发现2层竖向结构混凝土试块强度达不到设计要求,委托省级有资质的检测单位,对2层竖向实体结构进行检测鉴定,认定2层竖向实体结构强度能够达到设计要求。

引导问题:根据引例4回答以下问题。

(1)引例4中的2层竖向结构的质量应如何验收?

(2)请总结工程竣工验收的程序与组织工作。

引例5

某工程,建设单位与甲施工单位签订了施工合同,与丙监理单位签订了监理合同。经建设单位同意,甲施工单位确定乙施工单位作为分包单位,并签订了分包合同。

施工过程中,专业监理工程师在巡视中发现,乙施工单位施工的在施部位存在质量隐患,随即向甲施工单位签发了整改通知。甲施工单位回函称,本单位对乙施工单位施工的工程质量不承担责任。

工程完工,甲施工单位向建设单位提交了竣工验收报告后,建设单位于2006年9月20日组织勘察、设计、施工、监理等单位竣工验收,工程竣工验收通过,各单位分别签署了工程质量《竣工验收鉴定证书》。建设单位于2007年3月办理了工程竣工备案。2008年2月,该工程排水管道严重漏水。建设单位要求甲施工单位无偿修理。

引导问题:请根据引例5回答以下问题。

(1)甲施工单位回函的说法是否正确?

(2)甲施工单位是否应无偿修理？

(3)请简述我国建设工程保修责任。

相关测试

1. 单项选择题

(1)《建设工程质量管理条例》第三十八条规定，监理工程师应当按照工程监理规范的要求，建设工程实施监理，应当采取旁站、巡视和(　　)等形式。

A. 督促　　B. 书面通知　　C. 检查　　D. 平行检验

(2)《建设工程质量管理条例》第四十九条规定，建设单位应当自建设工程竣工验收合格之日起(　　)日内，将建设工程竣工验收报告和规划、公安消防、环保等部门出具的认可文件或者准许使用文件报建设行政主管部门或者其他有关部门备案。

A. 5　　B. 7　　C. 15　　D. 14

(3)《建设工程质量管理条例》第四十条规定，在正常使用条件下，屋面防水工程、有防水要求的卫生间、房间和外墙面的防渗漏，最低保修期限为(　　)。

A. 1 年　　B. 2 年　　C. 5 年　　D. 设计年限

(4)《建设工程质量管理条例》第四十条规定，在正常使用条件下，电气管道、给排水管道、设备安装和装修工程，最低保修期限为(　　)。

A. 1 年　　B. 2 年　　C. 5 年　　D. 设计年限

(5)《建设工程质量管理条例》第四十条规定，在正常使用条件下，基础设施工程、房屋建筑的地基基础工程和主体结构工程，最低保修期限为(　　)。

A. 1 年　　B. 2 年　　C. 5 年　　D. 设计年限

2. 多项选择题

(1)《中华人民共和国标准化法》按照标准的级别，将标准分为(　　)。

A. 强制性标准　　B. 推荐性标准

C. 国际标准　　D. 行业标准

E. 地方标准

(2)建筑材料使用许可制度是为了保证建设工程使用的建筑材料符合现行的国家标准、设计要求和合同约定，确保建设工程质量而制定的。建筑材料使用许可制度包括建筑材料(　　)。

A. 生产许可制度　　B. 产品质量认证制度

C. 强制性使用制度　　D. 产品推荐制度

E. 进场检验制度

(3)《建设工程质量管理条例》规定,关于建设单位的质量责任和义务的说法不正确的有(　　)。

A. 可将建设工程肢解发包　　B. 采购合格的建筑材料

C. 送审施工图的责任　　D. 提供的原始资料允许有偏差

E. 组织主体结构的验收

(4)《建设工程质量管理条例》第二十二条规定,设计单位在设计文件中选用的建筑材料、建筑构配件和设备,应当注明规格、型号和性能等技术指标,其质量要求必须符合国家规定的标准。设计单位可以指定(　　)。

A. 生产商　　B. 供应商

C. 中介机构　　D. 有特殊要求的建筑材料

E. 有特殊要求的专用设备

(5)《建设工程质量管理条例》规定,关于施工单位的质量责任和义务的说法正确的有(　　)。

A. 依法挂靠　　B. 依法转包

C. 依法分包　　D. 见证取样的责任

E. 按图施工的责任

引例 6

某工程建筑面积 35 000m^2,建筑高度 115m,为 36 层现浇框架—剪力墙前结构,地下 2 层;抗震设防烈度为 8 度,由某市建筑公司总承包,工程于 2004 年 2 月 18 日开工。工程开工后,由项目经理部质量负责人组织编制施工项目质量计划。

引导问题 1:根据引例 6 回答以下问题。

(1)项目经理部质量负责人组织编制施工项目质量计划做法对吗?为什么?

(2)施工项目质量计划的编制要求有哪些?

(3)项目质量控制的方针和基本程序是什么?

引导问题 2:请根据本项目具体情况,确定本次应承担的质量保障责任。

引导问题 3:根据本次质量保障责任确定本项目质量管理重点。

引导问题 4:根据质量管理重点编制本项目质量计划的法律建议书。

引导问题 5:为本项目的质量保障体系建立与运行提出法律建议。

引导问题 6:参与本项目竣工验收,根据验收要求,准备法律资料和提出法律建议。

(1)法律资料:________________

(2)法律建议:________________

四、任务评价

1. 小组评价

根据完成任务情况给出评分,见表 6-1。

任务评价表 表 6-1

考核项目	分数			学生自评	小组互评	教师评价	小计
	差	中	好				
是否具有团队合作精神	1	3	5				
是否积极参与活动	1	3	5				
工作过程安排是否合理规范	2	10	18				
陈述是否完整、清晰	1	3	5				
是否正确灵活运用已学知识	2	6	10				
是否遵守劳动纪律	1	3	5				
此次任务完成是否满足任务要求	2	4	6				
是否有救济措施	2	4	6				
总计	12	36	60				
教师签字:				年 月 日		得分	

2. 自我总结

(1)在完成此次任务过程中,存在的主要问题有哪些?

(2)产生问题的原因有哪些?

请提出相应的解决方法:

(3)你认为还需加强哪方面的指导(可以从实际工作过程及理论知识考虑)?

五、拓展训练

应用案例分析

被告湖南湘潭县第七建筑工程公司

法定代表人冯雪林

委托代理人李桂士

委托代理人胡学军

原告江西保良生物制药有限公司与被告湖南湘潭第七建筑工程公司建筑工程施工合同质量纠纷一案,本院受理后,依法组成合议庭,公开开庭进行了审理。原告委托代理人何焕平、谭忠其,被告委托代理人李桂士、胡学军到庭参加了诉讼。本案现已审理终结。

原告江西保良生物制药有限公司诉称,2004 年 7 月 23 日,原告与被告签订了一份“江西省建设工程施工承包合同”,双方约定由被告承包原告的提取车间、办公楼、职工宿舍、公用工程约一万多平方米的建筑工程的土建及配套附属工程。之后,原告按合同履行了义务,但被告不严格按设计图纸施工,质量意识差,施工质量低劣,为此,原告曾多次向被告提出,工程质量不符合要求的要返工处理,被告只是口头上承诺,没有实际行动。不得已原告才向质检部门投诉。2006 年 8 月 25 日,莲花县建筑工程质量监督站作出了“关于江西保良生物制药有限公司提取车间的工程质量报告”,该报告称,经现场对一层框架柱随机抽查、破损砼保护层查验,施工单位有严重的偷工减料行为,以上问题的存在严重地影响到结构安全和设备工艺的使用功能。因其质量问题也严重影响了原告今后的生产经营活动。为此,请求法院依法判令被告立即返工修复问题工程或支付返工费用 232044.32 元,赔偿因工程质量问题给原告造成的损失 7 万元.并由被告承担本案诉讼费。

被告湖南湘潭县第七建筑工程公司辩称,被告自 2004 年 7 月 23 日签订承包工程合同,2004 年 8 月就正式破土动工,9 月动工建设提取车间,施工期间,市县领导多次到现场进行视察,并对我方前期施工的工程给予好评和肯定,但原告一直未办报建手续,也不派驻施工员.至 2004 年 10 月 18 日止,我方根据预算已完成了 110 万元的工程量,可直到这年春节前总计给付了 32 万元,使得我方民工工资及材料都无法到位,中途被迫停工,造成我方巨大经济损失。2005 年 10 月,在原告承诺下,被告继续施工,但一个多月后,原告一而再,再而三的严重违约,不付预期款项。在施工过程中,我方严格按照设计图纸施工,所进材料送检试验合格后再用,虽然在后期出现了一点小问题,都是因为原告资金不到位,欺骗民工,影响民工工作态度和积极性,造成我项目部无法管理所致,但我方可以保证绝对没什么严重质量问题影响原告今后的生产经营。而原告在 2006 年 3 月 10 日单方终止施工合同,在未办理任何交接手续和组织验收的情况下,强行将我方施工人员赶出现场,对我方在三年以来的巨大经济损失未给予任何赔偿和补偿,连双方认可的工程款所欠部分都不支付。原告为拒付我方工程款,而以工程质量为由,是昧着良心做事。

问题:该案的争论焦点是什么?具体涉及哪些问题?应如何处理?

任务二　质量管理事件与法律纠纷处理

一、任务描述

一家房地产开发企业与A企业就金强大学城商业街项目的签订施工合同正在履行。你现接受A企业委托,为其提供质量管理的后期法律服务,并提交该项目的质量管理后期法律意见书。

二、学习目标

通过本学习任务的学习,你应当能:

1. 按照正确的方法和途径,收集质量管理相关法律资料;
2. 依据资料分析结果,确定该次任务工作步骤;
3. 按照时间限定,完成该次质量管理事件和相关法律纠纷处理,并提交后期法律建议书;
4. 通过完成该任务,提出后续工作建议,完成自我评价,并提出改进意见。

三、任务实施

引例1

如图6-2所示,富力地产陷入质量纠纷的项目一个接着一个。位于上海市青浦区的知名楼盘富力桃园近日又发生质量纠纷,据业主反映,截至9月,该项目已发现数十种质量问题,这些质量问题涉及渗水、门窗五金、给排水、外墙、室内墙及地面、绿化等六大项27个小项。以房屋整体多处渗水为例,具体问题主要表现在八个方面:地下室底板和混凝土墙二次浇捣时未捣实,造成地下室底板和墙面接缝处渗水;地下室底板留孔防水未做好,造成地下室卫生间及污水池渗水;地下室底板防水未做或底板厚度未达标,造成地下室底板整体渗水;一层以上窗框和外墙留缝处未用防水砂浆填实,造成窗框周边渗水;二层小屋面伸缩缝防水未做好,造成一层客厅整堵墙渗水;外墙GRC线条安装后和面砖之间未填缝,及外墙空心砌块砂浆未填实,造成内墙多处呈块状渗水;出屋面粪管留洞防水未做好,造成屋面板渗水;三楼露台与外墙的交接处严重渗水,造成整个墙面潮湿。而负责此项目的富力地产子公司——上海浦卫房地产开发有限公司(以下简称浦卫开发)对这些质量问题并未迅速有效地进行整改。

图6-2　富力地产

业主的代理律师认为,一旦查证这些质量问题是在竣工验收之前就已产生,开发商的这种行为将涉嫌欺诈,就应承担相应行政责任和民事责任。截至发稿前,富力地产对出现质量问题的原因及相关处理结果没有回应。

引导问题:阅读引例 1,回答以下问题。

(1)该资料反映出建设工程行业业哪些常见问题?

(2)在建设工程施工中容易出现哪些质量事件?

(3)常见质量纠纷有哪些?

引例 2

A 房地产开发公司投资开发了一项花园工程。由 B 建筑安装工程总公司负责施工,由 C 建材供 D 水泥厂生产的水泥。1995 年 9 月 15 日,建材公司提供 20 吨水泥进入工地,B 建筑安装工程总公司送检测试,结论为合格水泥。之后,C 建材公司陆续组织水泥进场,共计 680 吨。同年 10 月 11 日,B 公司从 C 公司供应的水泥中再次抽样送检,经检验确认为废品水泥。此时水泥已用去 613 吨,分别浇筑在花园工程 A 楼的 12 层至 15 层。经有关部门检测,第 12 层至 15 层的混凝土强度不合设计要求,市建设工程质量监督总站决定对第 12 层至 15 层推倒重浇。A 公司于是向人民法院起诉 B 公司、C 公司和 D 厂,要求三被告赔偿经济损失。

引导问题:根据引例 2 回答以下问题。

(1)如果施工合同明确约定水泥由甲方供应,责任应如何区分?

(2)如果施工合同明确约定水泥由乙方供应,责任应如何区分?

(3)对第二种情况,监理单位应承担什么责任?

引例3

某承包商承接某工程,占地面积1.63万m^2,建筑层数地上22层,地下2层,基础类型为桩基筏式承台板,结构形式为现浇剪刀墙,混凝土采用商品混凝土,强度等级有C25、C30、C35、C40级,钢筋采用HRB355级。屋面防水采用SBS改性沥青防水卷材,外墙面喷涂,内墙面和顶棚刮腻子喷大白,屋面保温采用憎水珍珠岩,外墙保温采用聚苯保温板,根据要求,该工程实行工程监理。

引导问题:根据引例3,回答以下问题。

(1)对进场材料质量管理的基本要求是什么?

(2)承包商对进场材料如何向监理报验?

(3)对该工程的钢筋工程验收要点有哪些?

引例4

A金融大厦工程项目投入使用五年后,计划重新对金融大厦进行装饰装修。本工程通过公开招投标确定由B建筑装饰公司承担施工任务,在工程施工合同的签订中,双方约定工程项目的装修施工质量应达到公司的企业标准(已通过审核认定)。在工程开工前,施工单位在上报的工程资料中,用工程装饰装修质量计划文件代替装饰工程施工组织设计,建设单位工程师以不符合要求为由予以拒绝。

引导问题:根据引例4,回答以下问题。

(1)建筑装饰装修工程质量计划是以什么标准为基础的管理文件?

(2)建设单位工程师的做法是否正确?试说明两者区别。

引例5

某白灰窑主体工程项目采用预应力高强混凝土管桩(PHC型)基础,管桩规格为外径550mm,壁厚125mm,单节长等于或小于15m,混凝土强度等级为C80,设计管桩深度23.5m。建设单位以公开招标的方式委托了某监理公司承担了施工阶段的监理任务。工程涉及土建施工、打桩和混凝土管桩的制作。

引导问题:根据引例5,回答以下问题。

(1)打桩施工单如何进行管桩的检查验收?

(2)如果发现管桩制作单位违反合同规定的交货日期延期交货或经现场检查管桩质量不合格,对施工进度造成影响时,施工方应向谁提出索赔?

引例6

2000年4月19日,天宇公司作为发包单位、豪杰公司作为承包单位,签订施工总包合同一份,约定:天宇公司将某住宅小区工程项目发包给豪杰公司承建;2001年5月,豪杰公司将第一期工程交付给天宇公司。后由于所交付的房屋出现雨后墙面、地下室等渗水现象,天宇公司指出豪杰公司交付的第一期工程存在渗水、漏水等质量问题，并提出相应整改意见。其中与本案相关的1号101室有多次渗水报修的记录，另该房屋与2号102室伸缩缝之间有建筑垃圾。

2005年初，第一期工程项目中的1号101室业主和2号102室业主以天宇公司所售房屋存在渗水等质量问题，造成房屋内装修损害为由，分别向法院提起诉讼，要求天宇公司赔偿装修损失，天宇公司分别向两户业主作出了赔偿。现天宇公司以豪杰公司施工存在质量问题为由，提起诉讼，请求判令豪杰公司承担因房屋施工质量问题造成天宇公司赔偿的装修损失及承担本案诉讼费。

在天宇公司与上述两户业主的诉讼过程中，双方对1号101室及2号102室的装修损坏原因未申请鉴定，天宇公司确认系房屋渗水等质量问题导致；对于装修损失的具体数额，双方亦未申请评估。

在一审审理期间，根据豪杰公司的申请，法院委托上海市室内装饰质量监督检验站对本案诉争的两套房屋是否存在质量问题以及房屋质量问题形成的原因进行鉴定。鉴定中，该2套房屋业主不配合，致使鉴定未果。

审理中，双方当事人确认，本案诉争房屋于2001年竣工交房后发生渗水，分别于2001年、2002年、2004年进行维修，在2004年进行维修时发现房屋伸缩缝有建筑垃圾，遂对其予以清除进行维修，之后再未发生渗水。

引导问题：施工方是否对其施工的工程质量缺陷承担责任？

____

____

____

____

____

____

引例7

2005年10月，某县第二建筑工程公司通过招标方式总承包该县第一中学的新教学楼兴建和旧教学楼装修工程。第二建筑工程公司与第一中学签订承包合同时，为确保按期完成工程任务，经第一中学同意，将总承包工程项目中的旧教学楼装修工程分包给该县某乡建筑队，合同中明确约定第二建筑工程公司要对某乡建筑队的施工质量负责。2006年6月，该项建设工程全部竣工，但在进行工程验收时，发现某乡建筑队分包的旧教学楼装修工程没有达到质量要求。经查，原因是，某乡建筑队负责该项装修工程的施工队伍未取得相应等级的资质证书，技术力量明显不足，所使用的装饰材料也明显达不到合同约定的质量标准。据此，建设单位第一中学要求第二建筑工程公司负责返修。经协商未果，第一中学诉至某县人民法院。

引导问题：分包单位施工质量不合格，总承包单位是否对建设单位承担质量责任？

____

____

____

____

____

____

引例 8

某房地产开发商与某建设集团签订了《工程总承包合同》，约定由某建设集团承包某房地产开发商开发的某高层住宅小区的施工工程。工程范围包括桩基、基础围护等土建工程和室内电话排管、排线等安装工程。在该合同中，双方还约定，某房地产开发商可以指定分包大部分安装工程和一部分土建工程。对于不属于总包单位某建设集团承包的范围但需总包单位进行配合的项目，可以收取 2% 的配合费；工程工期为 455 天，质量必须全部达到优良，否则，某房地产开发商则按未达优良工程建筑面积每平方米 10 元处罚某建设集团；分包单位的任何违约或疏忽，均视为总包单位的违约或疏忽。

总包单位某建设集团如约进场施工，某房地产开发商也先后将包括塑钢门窗、铸铁栏杆、防水卷材在内的 24 项工程分包出去。然而在施工过程中，由于双方对合同中关于某些工程"可以指定分包"的理解发生争执，并且分包单位对指定购买的建筑材料、建筑构配件、设备不符合强制性标准，导致高层住宅小区存在严重的工程质量问题。在争议期间，某房地产开发商拖延支付进度款，某建设集团也相应停止施工。数次协商未果，某建设集团起诉到上海市某区人民法院，要求某房地产开发商给付工程款并赔偿损失，同时要求解除工程承包合同。

引导问题：肢解发包建设工程所造成的建筑物质量问题发包人是否应当承担责任？

____

____

____

____

____

____

____

引例 9

某市工商支行与某农场建筑工程队于 2002 年 7 月 26 日签订了一份建筑安装工程施工合同。合同约定：某农场建筑工程队为某市工商支行建设一幢面积 22 806 平方米的住宅楼；2002 年 8 月 10 日开工，2004 年 7 月 1 日竣工。合同还约定，工程总造价为 942 万元，一次包死；同时合同还对双方各自的责任、付款与结算办法及奖罚作出了规定。

在合同履行中，由于某农场建筑工程队施工措施不力，技术水平、组织管理水平较低及某市工商支行未能及时提供图纸，工程没有按期完工。双方于 2003 年 6 月 27 日在某市市公证部门主持下就该工程达成协议，继续执行原合同，并将工程竣工时间顺延至 2005 年 11 月 15 日。某农场建筑工程队遂加班加点，按期完工，并向某市工商支行发出了交工通知书。某市工商支行请质量监督部门对工程进行验收。经验收合格后，某市工商支行接受了该住宅楼，并与某农场建筑工程队按照约定的方式和期限进行了工程决算，支付了全部工程款。

但在某市工商支行员工搬入住宅楼的半年后，工程基础出现沉降现象，底层住户家中地板出现较大裂缝。

某市工商支行认为这是由于某农场建筑工程队施工水平低下造成工程质量低劣所致，遂向人民法院起诉，要求某农场建筑工程队在规定期限内无偿返工或修理，并赔偿某市工商支行因此遭受的经济损失，承担违约责任。

引导问题：勘察、设计单位是否对勘察、设计的质量负责？

引例 10

1999 年 12 月，某县教育局修建一栋宿舍楼，通过招标方式将工程施工承包给该县第一建筑公司。为保证建筑施工质量，教育局又与某县建设工程监理公司签订委托监理合同，委托建设工程监理公司对建筑工程施工进行监督。双方在委托合同中约定，建设工程监理公司应当选派具有相应资质的监理工程师进驻施工现场对施工情况进行监督。并约定，进入施工现场的建筑材料、建筑构配件和设备，未经监理工程师检验签字，不得使用。但施工一个月后，建设工程监理公司将原选派到施工现场的监理工程师指派到其他施工现场监督，而另行委派该监理单位一位不具有监理工程师任职资格的职工实施监理 Q 由于该名职工不具有相应资质，又缺乏监理经验，致使施工单位乘机将部分不符合质量要求的水泥使用到工程上。

2000 年 7 月，该工程全部竣工。验收时发现部分房屋的地板及顶层地板有开裂和脱落的现象，经查，原因为施工单位使用的部分水泥标号不符合要求，施工质量差。教育局认为施工单位和监理单位对施工质量不合格都负有责任，诉至该县人民法院，要求二单位进行修复并赔偿损失。

引导问题 1：监理单位未尽管理职责造成工程质量不符合要求，是否应承担质量责任？

应用案例 1

某总公司建造营业大厦，某建筑公司中标承建该营业大厦。但是，原定于 2002 年 11 月交付的工程，因出现有关质量争议没有如期竣工。某总公司不能及时营业，经营严重受损，遂起诉要求某建筑公司承担逾期交工的违约责任，而某建筑公司认为，因为质量争议前后经过两次鉴定，应当扣除鉴定的时间。在诉讼前，因营业大厦的质量问题双方发生争议。市建筑工程质量检测中心对大厦现浇楼面混凝土厚度进行检测，29 项中有 17 项不合格；对现浇楼面钢筋间距的检测，发现 2 至 8 楼均存在超过允许偏差的问题；对大梁开凿检测，发现少了 3 根 22cm 的钢筋。参与工程建设的一名木工向有关部门反映，大厦开始施工后，由于施工人员素质较差，放线方位不准，桩基灌注后，发现有 60% 以上桩基偏位，向外倾斜。对此，施工人员在夜间或将钢筋弯折至正确位置，或切割后重新放置钢筋再浇注。这在工程施工中是绝对不允许的。后来，双方又委托省建设工程质检站对工程质量进行鉴定，其出具的《工程质量鉴定报告》认为，大厦工程施工时，钢筋位置偏位和桩的有效截面积减少（有的柱有效截面积减少超过 10%），不能保证结构安全使用，混凝土现浇板的厚度不符合施工验收规范允许偏差的规定，混凝土工程中存在露筋等质量问题。

引导问题 2：建筑工程竣工前对质量的争议期间应如何进行处理？

应用案例 2

1994 年 9 月 23 日，A 公司与 B 公司签订《隐框玻璃幕墙、铝板幕墙等工程供货合同》及上述项目的《安装合同》两份。安装合同规定安装内容的名称、数量、单价分别为：(1)12mm 透明玻璃幕墙 175m^2，每平方米 240 元；乳白色烤漆球形网架 175m^2。每平方米 104 元；15mm 大型透明玻璃墙 240m^2，每平方米 340 元；(2)6mm 半透明绿色进口镀膜玻璃幕墙 3 563.30m^2，每平方米 250 元；(3)4mm 日本进口阿波力克复合铝板幕墙 1 404m^2，每平方米 277 元；合计工程款 1 422 245.66 元。合同约定收到 A 公司预付工程款 1 个月内，安装人员正式进场；该工程于 1995 年 4 月 25 日完工；同时合同还对双方职责、付款进度、质量保证、售后服务及工程结算按实结算，单价不变作了约定。合同签订后，双方按约履行合同。1996 年 12 月 18 日，A 公司签署该工程竣工验收证明书。1997 年 5 月 10 日经某质监站验收合格。1996 年 8 月 6 日，A 公司与 B 公司对安装合同进行结算，结算书明确工程款 1 870 994.98 元及所用材料品种、数量、单价之后，A 公司认为由于 B 公司在安装过程中使用了非钢化玻璃，导致了工程质量不符合设计要求、安装的非钢化玻璃出现自爆现象。A 公司发函告知 B 公司有关工程质量问题，但 B 公司未予处理。1999 年 8 月，A 公司委托某建筑科学研究院对 B 公司安装的玻璃幕墙进行检查，某建筑科学研究院经检测，非钢化玻璃占 29%。据此，A 公司多次要求 B 公司调换钢化玻璃未成，A 公司遂向原审法院提出诉讼，要求 B 公司调换不符合约定的非钢化玻璃幕墙，返还 A 公司安装工程款 223 045.95 元及赔偿违约金 608 820.22 元。B 公司认为安装的玻璃材料经双方认可，发生自爆现象是工程队在施工中，地砖与幕墙玻璃间未留缝隙所致，故不同意 A 公司的诉讼请求。

引导问题 3：应如何解决该纠纷？

引导问题4：通过以上案例的处理，总结质量事件与纠纷的处理程序与方法。

引导问题5：根据本项目具体要求，填写表6-2。

质量管理事件表

表6-2

质量管理事件表		
子项目	事件编码	日期 发生次数
事件名称和简要说明		
事件内容说明		
原因		
本事件的主要活动		
负责人(单位)		
费用 计划 实际	其他参加者	工期 计划 实际

引导问题6：提交本项目质量事件与纠纷处理的法律建议书。

四、任务评价

1. 小组评价

根据完成任务情况给出评分，见表6-3。

任务评价表　　表6-3

考核项目	分数			学生自评	小组互评	教师评价	小计
	差	中	好				
是否具有团队合作精神	1	3	5				
是否积极参与活动	1	3	5				
工作过程安排是否合理规范	2	10	18				
陈述是否完整、清晰	1	3	5				
是否正确灵活运用已学知识	2	6	10				
是否遵守劳动纪律	1	3	5				
此次任务完成是否满足任务要求	2	4	6				
是否有救济措施	2	4	6				
总计	12	36	60				
教师签字：				年　月　日		得分	

2. 自我总结

(1)在完成此次任务过程中，存在的主要问题有哪些？

(2)产生问题的原因有哪些？

请提出相应的解决方法：

(3)你认为还需加强哪方面的指导(可以从实际工作过程及理论知识考虑)？

五、拓展训练

应用案例分析

2001年6月18日，被告徐州市建设局向第三人徐州市恒信房地产开发有限公司(以下简称恒信房产公司)颁发徐建验证(15)号《住宅竣工验收合格证书》(以下简称15号验收合格证)，认定：恒信房产公司建设的世纪花园1-6号、11号住宅楼经专家组验收，验评得分80.5分，符合验收标准，具备入住条件。原告夏某认为该证书侵犯其合法权益，向徐州市云龙区人民法院提起行政诉讼，云龙区人民法院将此案移送徐州市泉山区人民法院，泉山区人民法院追加恒信房产公司为第三人公开审理了此案。

原告夏某诉称：世纪花园小区内有第三人恒信房产公司给原告提供的拆迁安置房。由于该房质量不合格，且第三人还拖欠着过渡房费，原告提起民事诉讼，在诉讼中得知，世纪花园小区是经被告徐州市建设局验收的合格工程。原告认为，在被告验收时，世纪花园住宅小区尚未安装电表，明显不具备竣工合格条件，被告却为第三人颁发验收合格证，严重损害原告利益。请求判令撤销被告颁发的15号验收合格证。

徐州市泉山区人民法院经审理认为：被告徐州市建设局是徐州市的建设行政主管部门，具备组织实施城市住宅小区竣工综合验收的法定职责；验收合格证是建设行政主管部门履行综合验收职责、确认住宅符合验收标准的载体，徐州市建设局具有颁发验收合格证的主体资格。原告夏某如果对该小区的单项工程质量存在异议，可依建设工程保修制度或投诉制度保护自身合法权益。夏某以单项工程质量存在的问题否定徐州市建设局对世纪花园住宅小区的竣工综合验收工作，理由不能成立。

一审宣判后，夏某不服，向徐州市中级人民法院提出上诉。理由是：世纪花园1—6号楼、

11 号楼未执行现行的建筑设计国家标准,还存在擅自改动图纸及房屋结构,以至外观整体造型不美观等问题,属建筑设计、规划设计验收标准中的应保证项目不合格;厨房、卫生间及墙体多处漏水,无地漏,水电未安装到位,地基深度不够,说明工程质量不合格;供电、供水设施不齐全,不能正常运转,说明公建配套设施和市政基础设施不合格;建筑垃圾在验收时未全部清运,说明物业管理不合格。存在这么多问题的住宅楼,根本不具备验收条件。在此情况下,被上诉人徐州市建设局仍向第三人恒信房产公司颁发 15 号验收合格证,违反相关规定,应当撤销。一审认定事实不清,适用法律错误,请求二审改判。

徐州市中级人民法院经审理,认定的案件事实与一审无异。故驳回上诉,维持原判。

问题:该案的争论焦点是什么?涉及哪些问题?应如何处理?

学习情境七　建设工程相关经济法规案例分析

一、任务描述

在提供建设工程法律服务过程中，如要圆满完成法律实务工作，还需运用一些其他相关经济法规。你应在本次任务中完成18个应用案例分析。

二、学习目标

通过本学习任务的学习，你应当能：

1. 熟悉土地、拆迁等法规，掌握处理相关法律纠纷的程序和方法；
2. 熟悉房地产开发、交易及物业管理等，掌握处理相关法律纠纷的程序和方法；
3. 熟悉工程保险、税务和环境保护等法规，掌握处理相关法律纠纷的程序和方法；
4. 通过对相关案例的分析处理，进一步提高前几个学习情景任务的完成能力。

三、任务实施

引导问题：在完成建设项目法律实务中，除前几个情境学习的建设法规之外，还涉及哪些经济法规？

____

____

____

____

____

____

应用案例1

2006年7月20日，某国有企业向A市政府请求对其一划拨土地进行出让，经批准后，便与A市国土资源局签订了委托出让手续，经评估等手续，A市国土资源局便将上述土地进行了公开挂牌出让。某房地产开发公司成功竞得该地块，当日房地产开发公司与A市国土资源局签订了《挂牌成交确认书》及《国有建设用地使用权出让合同》，在房地产开发公司缴纳相应地价款后，A市国土资源局为其办理了建设用地颁证的登记手续，A市人民政府核发了A国有[2008]第X号国有建设用地使用证。但房地产开发公司并未实际取得该建设用地。原来，国有企业并未按照A市国土资源局的要求交出建设用地，国有企业与某物流公司就该土地签订了长期的承包经营合同，国有企业认为，虽然2006年7月20日向A市国土资源局提交的《报告》中载明了“国有公司与物流公司经协商一致同意，在办理出让手续时，解除长期承包经营合同和相应公证书”的承诺，但由于A市国土资源局在对此建设用地进行出让竞标时未通知其参加，故认为无效，承包合同未解除，也无法交建设用地。

后起纠纷诉至法院，房地产开发公司诉讼请求：判决A市国土资源局依法履行交付争议建设用地义务，并赔偿相应损失。

引导问题:阅读应用案例 1,分析一地两证,法律效力如何界定。

应用案例 2

2000 年 10 月,安徽省明光市居民张永先、牛忠义夫妇计划筹建"义先废塑料加工厂",并以"义先废塑料加工厂"的名义与该市原明东乡人民政府签订征地协议,征得位于该市明涧路南侧、蔡安路西,面积 1913 平方米的土地一块,且已取得"建设用地批准书"和"城镇建设工程规划许可证"。

2002 年 12 月 17 日,该市土地资源和房产管理局为该宗土地核发了"国有土地使用证",登记的土地使用者为"义先废塑料加工厂"。2008 年 10 月 17 日,张永先以其个人名义与史凤华签订一份协议书,约定将"义先废塑料加工厂"征用的土地及相关设施以 44 万价格整体转让给史凤华,同时约定了付款方式等相关事项。2008 年 11 月 7 日史凤华按约向张永先给付预付款项 10 万元后反悔,于同年 12 月 10 日向法院提起诉讼,要求依法确认其与张永先所签订的土地转让协议无效并判令张永先返还其 10 万元购地款。

法院在案件审理过程中查明,"义先废塑料加工厂"一直未办理工商注册登记手续,仅以张永先个人名义,以个体工商户的形式长期从事废塑料加工销售业务。

引导问题:应用案例 2 中土地使用权转让协议是否无效? 为什么?

应用案例 3

2009 年 5 月,北京市拱辰街道一至五街建设改造项目动迁,李永坤(化名)等 13 户位于房山区良乡镇乔家胡同的承租直管公房在拆迁范围之内。补偿安置协议过程中,李永坤等 13 户意欲选择面积合理的房屋产权置换,互不找差价,而拆迁人良乡城市建设开发有限公司则坚持原租赁房屋的合法建筑面积按均价 3700 元/平方米购买,如安置房屋的建筑面积超过原租赁房屋的建筑面积,超出部分按均价 5 950 元/平方米支付差价。双方始终没有达成协议。

2010 年 3 月上旬,拆迁人良乡城市建设开发有限公司委托的施工单位开始在乔家胡同一代施工,施工现场噪音不断。为提早预防强拆,李永坤等 13 户共同委托的代理律师李海霞于同年 5 月中旬前往北京市房山区住房和城乡建设委员会查阅拱辰街道中心区改造项目工程的工程建设信息,结果有了一项石破天惊的发现:拆迁人尚未取得建筑工程施工许可证。

引导问题：应用案例3中，拆迁单位的拆迁行为存在哪些违法之处？

应用案例4

应用肢体残疾的陈先生家住海淀区，在领取社会保障金的同时，街道照顾他和妻子一起在一报亭出售报刊并兼营公用电话和彩票业务。2004年12月的一天早上，当陈先生来到报亭时，发现报亭已被拆除。经过查问得知拆除他们报亭的是北京都市房地产开发有限责任公司。在要求赔偿没有达成协议的情况下，陈先生诉至法院。

引导问题：应用案例4中，被拆迁人可以主张哪些权利？

应用案例5

数十位业主花重金购买了位于北京西站黄金地段的酒店式公寓，却无法办理房屋产权证。经律师调查，发现这些公寓有的早已卖给他人，并在建委登记备案，有的则根本未经建委批准，没有预售许可证。

引导问题：应用案例5中，房地产开发商进行房地产开发和销售时必须满足哪些条件？业主可主张哪些权利？

应用案例6

2006年，桂东县远昌房地产开发有限公司在遂川县城开发永泰小区。2008年1月15、16日，胡小平等四业主分别与原告签订了商品房买卖合同，分别购买永泰小区第一幢A单元601室、D单元701室、D单元401室、A单元301室商品房，并约定同年5月交付使用，在房屋交付后90日内为买受人办理房产证。2008年7月，被告未经有关部门批准，擅自改变原设计，在小区西南角设计为绿地的地方改为建造五个车库。2008年9月，遂川县政府办公室通过检查认定，永泰小区商住楼项目建筑占地面积超$66m^2$，建筑容积率超过1.99，建筑密度超6.99，未设置绿地。当年10月，被告补交了城建规费并接受罚款。另查明，被告至起诉前未为四业主办理房产证。

引导问题:应用案例6中,房地产开发商有哪些违法之处?该案应如何处理?

应用案例7

王先生与开发商在合同中约定小区会所应达到使用条件,可王先生入住时会所仍在施工,并发现小区某些配套设施不能使用,休闲会所与效果图不符,王先生遂将开发商告上法庭。

开发商在诉讼中认为楼书及网页宣传仅是要约邀请,合同中对小区会所具体包括哪些设施无明确约定,而且从性质上看,会所属于小区的配套设施,其主要功能是为业主提供休闲娱乐。对于没有安装完成的游泳池玻璃幕墙,开发商指出是为提升会所档次,将原规划的喷水池改建为游泳池,并为游泳池加装了玻璃幕墙及无障碍电梯。

另查,小区楼书对会所的宣传效果图上可见会所的游泳池外安装有玻璃幕墙,公司的宣传网页也显示会所的游泳池外安装有玻璃幕墙。王先生在诉讼中提交了北京市长安公证处出具的公证录像,证明游泳池的玻璃幕墙和无障碍电梯工程在王先生入住时尚未完工。

引导问题:应用案例7中,王先生提出哪些要求能得到支持?

应用案例8

某业委会主任反映:小区由于建筑施工技术质量问题,导致小区30幢房屋屋顶在保修期(5年)内大面积漏水,在业委会成立前,开发商已经维修了其中的22幢,还剩下8幢没有及时修理。现开发商认为保修期已过,而且业委会已经成立,剩下的8幢房屋应动用维修资金修理,维修之事应由业委会负责。但业主委员会向业主大会报告后,业主大会认为应该由开发商继续维修并承担费用。

引导问题:应用案例8中,谁应对工程质量负责?漏水问题如何解决?

应用案例 9

杜先生是北京市顺义区某小区业主，由于其所购买的房屋系采用地暖供热的方式供暖，到了冬季，地暖热度太大，蔬菜水果根本无法在厨房存放，为此，杜先生在其厨房外加装了飘窗。然而，物业公司却以其违反了物业管理相关规定为由，将其起诉至北京市顺义区人民法院要求恢复原状。

北京首都机场物业管理有限公司诉称：杜先生未经物业公司同意私自在其室外加装厨房外飘窗，引起其他业主投诉，物业公司、城管部门与杜先生协商让其拆除，但杜先生均未同意。根据物业公司与杜先生签订的《物业管理规定》、《物业业主公约》、《物业服务协议》的相关规定，未经物业公司的书面同意，业主不得改变该建筑物的用途及外观，不可在建筑物的外墙上安装任何户外遮光帘、遮阳篷、花篷、户外铁窗。依据最高人民法院《关于审理物业服务纠纷案件具体应用法律若干问题的解释》第 4 条规定，业主违反物业服务合同或者法律、法规、管理规约，实施妨害物业服务与管理的行为，物业服务企业有权请求业主承担恢复原状、停止侵害、排除妨碍等相应民事责任。据此，请求判令杜先生拆除其加装的厨房外飘窗并恢复原状；诉讼费由杜先生承担。

引导问题：应用案例 9 中，地暖太热，业主可私自加装飘窗吗？该案应如何处理？

____

____

____

____

____

____

应用案例 10

2006 年 5 月 22 日，原告中铁五局集团第一工程有限责任公司所属的渝湘高速公路 D7 合同段项目部，通过中铁保险经纪有限公司与被告安邦财产保险有限公司陕西分公司签订了《施工人员人身意外伤害综合保险合同书》，双方在合同中对投保范围、保险责任、期限、金额等作了详细约定，原告已按时交纳了保费。双方合同约定，如发生被保险人意外身亡，身故保险金为每人 20 万元。2007 年 5 月 18 日，原告项目部施工人员潘文涌在施工过程中不慎触电身亡，原告项目部按照保险合同要求向被告安邦保险陕西分公司报案并提交了相关材料，被告安邦保险陕西分公司工作人员已在索赔材料上签字，并于同年 5 月 21 日将潘文涌列为被保险人予以确认，但至今没有履行给付义务。原告中铁五局第一工程有限责任公司已先期向被保险人潘文涌的亲属支付赔偿及补助款 50 万元。

引导问题：应用案例 10 中，原告是否为本案的适格主体？潘文涌死亡后是否可以成为被保险人？

____

____

____

____

____

____

____

应用案例 11

2003 年 11 月,大康公司共康服饰城与大众保险公司签订了一份《财产保险合同》,约定由大众保险公司承保共康服饰城内 3、4 号馆房屋资产,协议签订后,大康公司按约支付了保险费。2004 年 1 月底,共康服饰城委托浙江某建筑公司对 4 号馆进行改造装修。而服饰城 4 号馆至 5 号馆之间的天桥改造工程则由服饰城工程部经理管某发包给一名没有资质的个体户施工。同年 2 月 10 日晚 10 时许,一名无证施工人员在天桥上进行电焊气割作业,由于违章操作,导致气割熔渣飞溅到 4 号馆的一店铺内,引燃铺内物品,酿成火灾。事发后,大众保险公司委托有关保险评估机构对火灾受损情况、费用以及事故原因、责任作出评估和认定。公估结论为此次火灾属保险责任范围,建议理赔金额为 75.6 万余元。此后,由于大众保险公司对大康公司提出的索赔请求予以拒绝,从而引发诉讼。此案经一审法院审理,判决大众保险公司支付大康公司保险赔偿款 75.6 万余元。

引导问题:建设工程常见险种有哪些?保险公司可以拒赔吗?

应用案例 12

原告系某建筑工程集团公司,2007 年 5 月因承建钢管混凝土中承式拱桥工程,在被告某保险公司处购买了"建筑工程一切险",保险期限为两年,保单金额为 8 768 万元。次年八月,因夏季洪水灾害,使得原告为承建该工程而搭建的一处临时工程——便桥、工作平台被洪水冲走,围堰模板被冲走,造成围堰渗漏,原告重新修复,加上因施救的人工费和材料费等共计财产损失 250 余万元,原告据此向被告发出了出险通知,要求被告就该损失向原告进行赔偿。但被告经派人实际到现场查勘,认为原告主张的损失是为施工工程而搭建的便桥被冲毁的损失,而该便桥是为完成项目工程的施工而搭建的临时施工,属于工程施工中的措施,不属于被告承保的保险范围,因此被告拒绝赔偿。原告不服,向法院提起诉讼。

原告的理由是:原告向被告提起投保申请书,被告确定承保后向原告出具保险单,注明了是"建筑工程一切险",投保申请书及保单上均明确注明了"投保项目:第一部分:物质损失的项目是建筑工程(包括永久和临时工程及所用材料)"。而且洪水发生后,原告已采取了紧急措施,组织施工队伍并对所有工程进行加固,但终因洪水过大过猛,导致临时工程——便桥、工作台被冲毁,事后又及时通知了保险公司进行查勘,为此根据双方保险合同约定,被告应当赔偿原告为此而遭受的财产包括便桥损失、围堰修复费、施救费用、重新搭建施工便桥、工作平台费用共计为 250 万余元。

被告辩称:被告不应当承担财产赔偿责任,理由是:首先,原告承建的总工程是通过公开招投标而进行的,根据原告与项目业主签订的《建设工程施工合同》,约定工程内容为:新建钢管混凝土中承式拱桥 1 座,又约定:标价的工程量清单为合同的组成部分,工程造价为 8 768 万,与保单金额一致。而工程量清单中并没有包括原告所主张的临时工程及用工材料等,因此原告投保的范围仅限于工程量清单所列细目(工程内容),而并未对所承建工程修的便桥(临时工程)进行投保,其保险金额 8 768 万元也不包括其主张的便桥之费用,因此,原告主张不属于保险合同的保险范围，其索赔无法律依据。

另外，根据被告方提供的建设工程一切险及第三者责任险条款内容：本公司不负责赔偿桩基所需所有机械设备的损失，各种打捞费用，措施费用，以及为恢复设备状态而进行修正案、修理作业、研究检查等所发生的费用，本公司对每一保险项目的赔偿责任均不得超过本保险单明细表中对应列明的分项保险金额以及保险单特别条款或批单中规定的其他适用的赔偿限额，原告主张的相关费用也不应由被告来进行赔偿。

引导问题：建筑工程保险合同的保险范围是哪些？该案应如何处理？

应用案例13

深圳市立安房地产有限责任公司，主营房地产开发、房屋装饰、装修、建筑装潢材料销售。1998年11月底经营收入2 000万元，实现利润900万元，已缴纳营业税100万元。1998年12月23日，该市地税稽查分局对该公司1998年1月至11月份纳税情况进行稽查。经查，发现以下问题：

1. 企业“预收账款”科目贷方余额200万元。经查阅有关账册及凭证，确认该企业销售不动产虽采用预收款方式，但只按发票开出经营收入履行纳税义务。

2. 企业“开发成本”科目累计贷方发生额17万元，系向购房者收取的阳台铝合金门窗材料费，属价外收费。

3. 企业“财务费用”科目累计贷方发生额2.08万元，其中系将资金提供给对方使用，而收取的资金占用费，未计入收入。

相关链接

(1)《营业税暂行条例实施细则》第十四条规定：“纳税人销售不动产，采用预收款方式纳税义务发生时间为收到预收款的当天。”

(2)《营业税暂行条例实施细则》第十四条规定：“凡价外费用，无论会计制度规定如何核算，均应缴纳营业税额。”

(3)依据国税发[1993]149号文，将资金提供给他人使用而收取的资金占用费，属贷款行为取得的收入，应按5%的税率缴纳营业税。

(4)依照《征管法》第十四条规定，对该公司未按规定期限办理纳税申报的行为处以3倍的罚款。

引导问题：该企业应补缴多少营业税？税务机关可以对其处以多少罚款？

应用案例 14

某市建筑工程有限责任公司属股份制企业，注册资金 1 800 万元，主要从事建筑工程的施工、安装业务。1999 年实现工程结算收入 4 760 万元，利润 104 万元。

根据检查计划，检查人员于 2000 年 6 月对该公司 1999 年 1 ~ 12 月的纳税情况进行了调账检查。在检查中，税务人员采取逆查与抽查、查账与账外调查相结合的方法对企业的财务报表、账簿、纳税申报、有关纳税资料及其与纳税有关的经营情况进行了全面检查。

检查人员在检查中发现，该公司承揽的某厂两栋家属楼于 1999 年 8 月竣工决算，竣工决算额与同期同类楼房申报的营业额明显偏低，经询问及到厂方进行账外调查，查清了此两栋家属楼所使用的钢材等建筑材料 1 065 000 元由厂方提供，而该公司向税务机关申报纳税时未将其计人应纳税营业额，造成少计营业税 31 950 元、城建税 2 236.5 元、教育费附加 1 118.25元。

查人员在对“预收账款”、“应收账款”等往来科目检查时，发现该公司 1999 年 3 ~ 12 月预收某工程款 150 万元，未结转工程结算收入，而“应收账款　第三施工队　某工程款”年终借方累计余额 138 万元未结转工程施工成本，经与建筑安装合同、施工进度表核对及现场实地勘查，该工程按形象进度应结转工程结算收入 146 万元，其对应的工程结算成本为 135 万元。由于该企业未按规定结转收入，从而造成少缴营业税 43 800 元、城建税 3 066 元、教育费附加 1 573元，少申报缴纳企业所得税 36 300 元。

引导问题：该建筑工程公司的行为属于什么行为？哪些责任主体会受到处罚？

应用案例 15

一大型写字楼项目位于城市中心地带，一期工程建筑面积 300 000m^2，框架剪刀墙结构，箱形基础。施工现场设置一混凝土搅拌站。由于工期紧，混凝土需用量大，施工单位实行“三班倒”连续进行混凝土搅拌和浇筑作业，周边社区居民对此意见很大，纷纷到现场质询并到有关部门进行投诉，有关部门对项目经理部进行了经济处罚，并责成项目进行了整改。

引导问题：根据应用案例 15，回答以下问题。

(1) 建筑业常见的重要环境影响因素有哪些？

(2)什么是噪声？影响人们正常生活和工作的环境噪声，按其来源分为哪几种？

(3)请问《建筑施工场界噪声限值》(GB 12523—90)标准对建筑工程土石方施工阶段、打桩施工阶段、结构施工阶段和装修施工阶段的噪声限值是如何规定的？

(4)项目经理部应如何处理噪声扰民问题？

应用案例 16

某建筑公司油工李师傅，从事该工种作业已有33年工龄，因年龄过大，加之企业效益不佳2001年2月5日，公司人事部门电话通知李师傅在家待岗，2001年12月底，公司人事部门与李师傅解除了劳动合同。

引导问题：根据应用案例16，回答以下问题。

(1)请问长期从事油漆作业，是否存在职业病危害？如果有，容易患什么样的疾病？

(2)公司在与李师傅解除劳动合同时，是否存在违法行为？为什么？李师傅是否有权索取其本人的职业健康监护档案复印件？

(3)建筑工程施工主要存在哪些职业危害？

(4)请简要回答工作场所应符合哪些职业卫生要求。

应用案例 17

北京市某建筑工程公司下属的混凝土搅拌站1986年投产使用，1995年扩建后，该厂围墙与受害的四户村民的住房仅有几米距离。该厂自投产以来一直昼夜施工，产生大量噪声、振动和粉尘，严重影响了四户村民的正常生产、生活，并使该四户村民的房屋产生不同程度的损坏。四户村民曾申请北京市某区环保局对该厂产生的噪声及振动进行检测鉴定，结论是噪声和振动均不超标。后四户村民以该混凝土搅拌站所属的建筑工程公司为被告，向北京市某区人民法院提起了民事诉讼，请求法院判令被告停止侵害、赔偿损失。某区人民法院在审理过程中委托"北京市朝阳区房屋安全鉴定站"对受害人的房屋是否因噪声振动损害而构成危房以及损害的程度进行过鉴定，但并未将该鉴定结论作为证据在审理过程中予以证据公示，因此该份证据也未经过双方质证。后该法院以该鉴定结论为依据认定搅拌站的噪声确实给原告的房屋造成损害，判令被告赔偿原告一定数额的房屋维修费，但"以不属民事审判范围"为由对于原告要求判令被告"停止侵害"的诉讼请求予以驳回。一审后原告认为法院驳回其"停止侵害"的诉讼请求没有法律依据提起了上诉，被告则以其不应对原告承担民事责任为由也向上一级法院提起了上诉。二审法院经审理确认一审法院在审理中存在着适用程序不当问题遂发回重审。与此同时，四户村民之一的宋先生向中国政法大学污染受害者法律帮助中心求助。中心为其提供了相关的法律援助包括代受害人撰写了向再审法院递交的《请求鉴定申请书》，并作为原告的委托代理人参加了再审，最终在"以事实为依据、以法律为准绳"的基础上促使原被告双方在再审中达成了调解协议。

引导问题：环境污染适用什么举证原则？本案给建筑施工企业什么启示？

应用案例 18

1998 年 10 月，天津市民李某购买了市河东区一处住房，经装修后 2000 年 5 月入住，入住后即发现室内空气异常，全家人先后出现不适症状。2001 年 8 月经室内环境单位检测，室内氨气超过国标达 10 倍以上，原因为房地产开发公司建房时使用了含有尿素的 FDJ 混凝土防冻剂所致。为此，李某将房地产开发公司告上法庭。经过法院多次调查取证，2002 年 12 月 17 日，天津市河东区人民法院判决被告对原告的房屋的氨气污染进行无害处理，同时，赔偿原告经济损失和检测费共 1700 元。这是国内首例消费者胜诉的室内空气氨污染案。

引导问题：目前室内建筑污染主要存在哪些问题？该案应如何处理？

相关测试

1. 单项选择题

(1) 下列各项中，关于施工企业转让、出借资质证书或者以其他方式允许他人以本企业的名义承揽工程，因该项承揽工程不符合规定的质量标准给建设单位造成损失的，说法正确的是(　　)。

A. 施工企业承担全部赔偿责任

B. 挂靠单位或者个人承担全部赔偿责任

C. 施工单位与挂靠单位或者个人承担连带赔偿责任

D. 施工单位与挂靠单位或者个人分别承担各自应负的责任.

(2) 建筑物或者其他设施 II 以及建筑物上的搁置物、悬挂物发生倒塌、脱落、坠落造成他人损害的，应该遵循的处理原则为(　　)。

A. 一般由受害人自行承担民事责任

B. 一般由国家环保主管部门承担民事责任

C. 除非建筑物的所有人或者管理人如果能够证明其无过错，建筑物的所有人或者管理人应当承担民事责任

D. 无论建筑物的所有人或者管理人有无过错，应当依法承担民事责任

(3)下列各项中,关于施工现场安全保卫工作,说法错误的是(　　)。

A.应当在现场周边设立围护设施

B.脚手架应当统一设置围护设施

C.施工现场在市区的,周围应当设置遮挡围栏

D.非施工人员不得擅自进入施工现场

(4)中标人不履行与招标人订立的合同的,(　　)。

A.履约保证金不予退还,不再赔偿招标人超过部分的其他损失

B.履约保证金不予退还,另外赔偿其他损失

C.履约保证金不予退还,另外赔偿超过部分的其他损失

D.按照实际损失赔偿

(5)甲施工企业转让、出借资质证书,允许乙以该企业名义承揽工程,因工程质量问题造成的损失,(　　)。

A.由甲承担赔偿责任　　B.由乙承担赔偿责任

C.由甲和乙承担连带赔偿责任　　D.由甲和乙各承担一半责任

(6)承包单位将承包的工程转包的,对因转包工程不符合规定的质量标准造成的损失(　　)。

A.由该承包单位承担赔偿责任

B.由接受转包的单位承担赔偿责任

C.由承包单位和建设单位承担连带责任

D.由承包单位和接受转包的单位承担连带责任

(7)注册执业人员未执行法律、法规和工程建设强制性标准(　　),5年内不予注册。

A.情节轻微的　　B.情节严重的

C.造成重大安全事故的　　D.构成犯罪的

(8)施工单位的主要负责人、项目负责人因违反《建设工程安全生产管理条例》的规定,未履行安全生产管理职责被处分或判刑的,自刑罚执行完毕或受处分之日起(　　)。

A.终身不得担任任何施工单位的主要负责人、项目负责人

B.5年内不得担任任何施工单位的主要负责人、项目负责人

C.5年内不得担任本施工单位的主要负责人、项目负责人

D.5年内不得担任本施工单位的管理人员

(9)工程监理单位与建筑施工企业串通,弄虚作假、降低工程质量的,由此给建设单位造成损失的,(　　)。

A.由建筑施工企业承担全部赔偿责任

B.由监理单位承担全部赔偿责任

C.监理单位与建筑施工企业按照各自比例分别承担赔偿责任

D.监理单位与建筑施工企业承担连带赔偿责任

(10)生产经营单位的主要负责人未依法履行安全生产管理职责而受刑事处罚或者撤职处分的,自刑罚执行完毕或者受处分之日起,(　　)内不得担任任何生产经营单位的主要负责人。

A.7年　　B.5年　　C.3年　　D.2年

(11)注册执业人员未执行法律、法规和工程建设强制性标准、造成重大安全事故的，(　　)。

A. 吊销执业资格证书，终身不予注册

B. 吊销执业资格证书，5 年内不予注册

C. 责令停止执业 3 个月以上 1 年以下

D. 处 1 万元以上 10 万元以下的罚款

(12)关于未经依法批准，擅自生产、经营、储存危险物品的法律责任，下列说法错误的是(　　)。

A. 责令停止违法行为或者予以关闭

B. 造成严重后果，构成犯罪的，依法追究刑事责任

C. 对责任人员给予行政处分

D. 没收违法所得，并处罚款

(13)关于建设工程勘察、设计单位将所承揽的建设工程勘察、设计转包的法律责任，下列说法错误的是(　　)。

A. 对责任人员给予行政处分

B. 责令改正。没收违法所得，处合同约定的勘察费、设计费 zs% 以上 50% 以下的罚款

C. 可以责令停业整顿、降低资质等级

D. 情节严重的，吊销资质证书

2. 多项选择题

(1)《建筑法》规定，超越本单位资质等级承揽工程的，应承担的法律责任有(　　)。

A. 责令停止违法行为

B. 处以罚款

C. 责令停业整顿、降低资质等级

D. 吊销资质证书

E. 有违法所得的，没收违法所得

(2)生产经营单位与从业人员订立协议免除或减轻其对从业人员因生产安全事故伤亡依法应该承担的法律责任，(　　)。

A. 该协议有效

B. 该协议无效

C. 对单位主要负责人处罚款

D. 不对单位主要负责人处罚款

E. 单位和从业人员按照协议承担责任

(3)涉及建筑主体或者承重结构变动的装修工程擅自施工的，关于相应的法律责任，下列说法正确的是(　　)。

A. 责令改正，处以罚款

B. 造成损失的，承担赔偿责任

C. 构成犯罪的，依法追究刑事责任

D. 情节严重的，吊销资质证书

E. 可以责令停业整顿、降低资质等级

(4)下列关于法律责任的说法正确的有(　　)。

A. 违约责任的承担方式只有支付违约金

B. 警告既是行政处分的一种方式也是行政处罚的一种方式

C. 有期徒刑服刑期间并不必然剥夺政治权利

D. 按照合同约定，权利人可向违约人收取罚金

四、任务评价

(1)在完成此次任务过程中,存在的主要问题有哪些?

(2)产生问题的原因有哪些?

请提出相应的解决方法:

(3)你认为还需加强哪方面的指导(可以从实际工作过程及理论知识考虑)?

五、拓展训练

应用案例分析

2000 年 5 月 18 日，原告汪志中受雇于被告任荣川、何永斌在珠华公司工地搞房屋拆除工作。同年 6 月 22 日上午 8 时许，在施工过程中发生意外事故，致使原告右小腿被水泥柱子压断。当时急送珠海市中医院抢救，后转至广州和平手外科医院住院手术治疗。原告曾于 2001 年 4 月 24 日向珠海市香洲区劳动争议仲裁委员会申请仲裁，但被答复不予受理。原告遂于同年 4 月 26 日起诉至法院，尽管当时没有医疗终结，也未进行伤残评定，但法院考虑到原告急需治疗的实际情况及本案直接雇主任荣川、何永斌下落不明的特殊案情，决定就其中一部分已清楚的事实先行作出判决，以确保原告的合法权益。2001 年 10 月 29 日，一审法院作出了(2001)珠香民初字第 1990 号民事判决书，被告三分公司和珠华公司不服提起上诉，珠海市中级人民法院经审理作出了(2002)珠民终字第 433 号民事判决书，判决原告的工伤赔偿款 45636.4 元由被告任荣川、何永斌支付，三分公司承担连带赔偿责任，建总公司承担补充清偿责任，珠华公司承担继续补充清偿责任。

问题：该案涉及哪些问题？应如何处理？

参考文献

[1] 高玉兰.建设工程法规[M].北京:北京大学出版社,2008.
[2] 唐茂华.工程建设法律与制度[M].北京:北京大学出版社,2008.
[3] 宋宗宇.建筑法案例评析[M].北京:对外经济贸易大学出版社,2009.
[4] 陈正.建筑工程法规原理与实务[M].北京:电子工业出版社,2008.
[5] 金国辉.建设法规概论与案例[M].北京:清华大学出版社,2006.